ENCORE
LES FEMMES

PAR

ALPHONSE KARR

TROISIÈME ÉDITION

PARIS
MICHEL LÉVY FRERES, LIBRAIRES-ÉDITEURS
RUE VIVIENNE, 2 BIS
—
1860
Tous droits réservés

COLLECTION MICHEL LÉVY

OEUVRES COMPLÈTES

D'ALPHONSE KARR

OUVRAGES
D'ALPHONSE KARR
PARUS
DANS LA COLLECTION MICHEL LÉVY

―――

LES FEMMES.	1 vol.
AGATHE ET CÉCILE.	1 —
PROMENADES HORS DE MON JARDIN.	1 —
SOUS LES TILLEULS.	1 —
UNE POIGNÉE DE VÉRITÉS.	1 —
VOYAGE AUTOUR DE MON JARDIN.	1 —
LES SOIRÉES DE SAINTE-ADRESSE.	1 —
LA PÉNÉLOPE NORMANDE.	1 —
TROIS CENTS PAGES.	1 —
MENUS PROPOS.	1 —
SOUS LES ORANGERS.	1 —
LES FLEURS.	1 —
LES GUÊPES.	6 —
ENCORE LES FEMMES	1 —
RAOUL.	1 —
ROSES NOIRES ET ROSES BLEUES	1 —
GENEVIÈVE.	1 —
LE CHEMIN LE PLUS COURT.	1 —

―――

Paris, imp. de L. TINTERLIN, 3, rue Neuve-des-Bons-Enfants.

I

CONTRE LES ROMANS

Vous me demandez, mademoiselle, si la vieille tante qui vous élève n'obéit pas à un préjugé et à des idées d'une autre époque en vous défendant de lire des romans. Vous m'avouez que deux ou trois livres de ce genre vous sont tombés entre les mains, en un mot que vous avez mordu à la pomme, et pour me bien disposer sans doute, me corrompre et me forcer à vous conseiller ce que vous avez envie de faire, vous m'adressez la flatterie de me dire que deux de ces trois romans étaient de votre serviteur.

Je vais vous répondre, mademoiselle.

Vous dire de ne pas lire des romans, moi qui en ai bien publié quinze ou vingt pour le moins, ce serait plus illogique ou plus humble que je n'ai coutume de l'être ; ce serait avouer que j'ai la conscience d'avoir fait une mauvaise action et de mauvais livres, que j'ai ouvert une boutique de poisons enfermés dans de petites fioles enjolivées de tous les agréments que j'ai pu imaginer.

Mais je crois que nous pouvons, vous et moi, ne pas nous gêner.

Je me trompe fort, ou vous avez votre parti très-définitivement pris sur la question que vous voulez bien soumettre à mes lumières. Je puis donc vous donner des conseils aussi sévères que je voudrai : il n'y a pas de danger que vous les suiviez. — Le moraliste y gagnera : il peut prendre des airs austères à éblouir les sots, sans que le romancier y perde rien.

Eh bien ! mademoiselle, je suis de l'avis de madame votre tante : il ne faut pas lire de romans.

Seulement il est fort probable que madame votre tante et moi nous ne donnerions pas les mêmes raisons de cette interdiction.

C'est à cause de la moralité extrême des romans, si fort en opposition avec l'immoralité de la sagesse humaine, que je vous conseille de ne pas lire de romans.

Une femme me disait un jour, en voyant chez moi

quelques statuettes de Pradier et quelques croquis des deux Johannot, trois amis que j'ai perdus :

« Vous avez tort d'accoutumer vos regards à ce charme et à l'élégance de ces formes, à la distinction et à la candeur de ces visages. Vous vous gâtez l'esprit, et ensuite vous exigerez dans la vie réelle, chez les pauvres femmes, des perfections qui ne sont pas dans la nature. »

C'est précisément là la raison pour laquelle je vous conseille de ne pas lire de romans. Les romans vous diront que c'est l'amour seul qui mérite l'amour; que c'est l'amour qui doit vous conduire au mariage; que donner votre personne à un homme que vous n'aimez pas, parce qu'il est riche, est un acte d'ignoble prostitution, etc., etc. Ta, ta, ta! Vous ne tarderez pas dans la vie à voir le peu de valeur de ces billevesées. Vous verrez un vieillard décrépit et malsain, mais célibataire et riche, entouré de prévenances, de soins, d'obséquiosités, par les mères de famille les plus rigides, de coquetteries par les jeunes filles les plus virginalement belles, et, s'il arrive que ce vieillard daigne arrêter son choix sur une de ces candides vierges, vous la verrez heureuse et fière de ce choix, consentir avec empressement à livrer sa personne et sa vie à ce cacochyme prétendant qui soupire plus de son asthme que de son amour. Sa mère, une femme d'une farouche vertu, affecte une grande modestie en parlant de ce projet d'union à ses connaissances : elle sait qu'il faut donner des allures humbles au bonheur, et se le faire pardonner par ses amis, au moins en leur faisant croire qu'on n'en jouit pas comme ils en jouiraient eux-mêmes. On viendra féliciter la mère et la fille au sujet de cette monstrueuse union, et les compagnes de celle-ci la dénigreront de leurs lèvres roses et la grignotteront de leurs dents blanches; elles chercheront à prouver qu'elle n'est pas digne du bonheur qui lui arrive, et que celle qui parle y avait les droits qu'a pu seul faire méconnaître un aveuglement stupide.

Mais elle n'est pas déjà si jolie! dit l'une en se regardant au miroir, sous prétexte de remettre en ordre des cheveux qui ne sont pas dérangés.

Elle n'a pas la taille mince! dira l'autre en cambrant une taille étroitement et douloureusement cerclée et ficelée.

Quel pied! s'écriera une troisième en allongeant le sien mis en *carcere duro*, auquel elle applique la torture des brodequins.

— Où M.... avait-il les yeux?

— Et les oreilles donc? car elle n'a pas d'esprit.

Et les mères disent à leurs filles, et madame votre

tante vous dira peut-être à vous-même : — Voyez comme mademoiselle une telle est heureuse! Mais elle est jolie, elle a acquis des talents, elle a suivi les conseils de sa famille, elle fait un beau mariage.

Un beau mariage! s'écrierait l'immoral romancier: associer la beauté à la laideur, la jeunesse à l'infirmité! livrer une jeune fille à un homme, sans qu'elle soit conduite à ce sacrifice d'elle-même par les doux enivrements, par le séduisant mirage de l'amour! mais c'est honteux, mais c'est une profonde perversité, mais la pousser à se vendre, c'est une infamie! Oh! votre tante a bien raison de ne pas vous laisser lire des romans.

Les romans vous diront aussi : — Une jeune fille est dépositaire du bonheur d'un honnête homme. — Il faut qu'elle veille sur elle-même avec un soin scrupuleux qui puisse satisfaire la jalousie de celui qui l'aimera. Il faut qu'elle lui arrive pure de cœur et d'esprit. Il faut qu'elle garde à cet inconnu une fidélité absolue, qu'elle se conserve pour lui.

Et le romancier vous peindra une candide et modeste jeune fille, craintive, effarouchée, rougissante; — il vous la montrera simplement vêtue d'une robe blanche, ne demandant à la parure que la fraîcheur; et il vous donnera envie de ressembler à cette jeune fille, car, le traître! il vous fera accroire que c'est ainsi qu'il faut être pour mériter l'amour d'un honnête homme. — Et puis, dans le monde vous verrez les jeunes filles parler haut, secouer la main parfois non gantée des jeunes hommes de leur connaissance, faire assaut d'étoffes riches et magnifiques, et se livrer, sous les yeux, et conséquemment avec l'approbation des grands parents, à des danses d'une inconvenance incroyable.

Et si vous vous habillez simplement, si vous vous croyez bien mise avec une robe d'organdi blanche et quelques fleurs; si vous vous refusez à ces familiarités, à ces contacts, à ces étreintes admises aujourd'hui dans la danse des salons, comme dans celles de Mabile et du Château-Rouge; — si vous parlez doucement et modestement, — vous serez déclarée stupide, maussade, misérablement affublée, et tristement abandonnée dans un coin, sur une banquette, pour figurer dans la tapisserie avec les mères à turban. Vous voyez bien, mademoiselle, que votre tante a raison, et que la lecture des romans vous perdrait.

Également, le romancier vous ferait croire que vous devez exiger de l'homme que vous aimerez la probité, la bravoure, la fierté de caractère, le désintéressement, l'indépendance d'opinion, la supériorité de l'intelligence. — Eh bien ! cela vous conduirait à vous amouracher de quelque misérable hère, incapable de vous donner jamais dans le monde un état qui puisse chagriner les autres femmes, — c'est-à-dire de quelque homme de talent ou d'esprit, d'un pauvre diable de grand artiste, d'un officier brave et pauvre, d'un homme politique honnête et désintéressé, — d'un avocat éloquent, mais consciencieux ; — c'est-à-dire que toutes ces rêveries vous mèneraient tout droit à une obscure aisance, à un plat bonheur domestique ; — que cela vous condamnerait à la vie de famille, à l'amour de votre mari et de vos enfants, à une existence calme, ignorée, nauséabonde. Pouah ! mademoiselle.

Que madame votre tante est donc une sage et discrète personne ! Comme elle a raison et comme je suis fier et heureux d'être de son avis et de trouver une occasion de mettre publiquement en vente un peu d'antidote contre les poisons que j'ai débités depuis une vingtaine d'années !

Et ces pauvres jeunes gens, s'ils lisaient des romans, dans quelles erreurs cocasses ils se jetteraient ! à quel bel avenir ils se condamneraient.

C'est pour les jeunes hommes surtout que la lecture des romans serait pernicieuse, car voici ce que les romans leur disent : l'argent ne doit avoir que le quatrième, le cinquième rang dans les intérêts de la vie ; la gloire et les honneurs, l'estime et la considération, sont pour l'homme dévoué à son pays, pour l'homme incorruptible, ferme dans ses croyances, inébranlable dans ses convictions ; pour l'homme d'état qui, sans hésiter, sacrifie pour ce qu'il croit être la vérité ; et les dignités, et les places et la fortune, pour le magistrat qui n'obéit qu'à la loi ; pour le soldat qui ne cherche ses grades que sur le champ de bataille et contre l'ennemi. Si vous faites céder vos convictions à vos intérêts, si vous trahissez vos serments, si vous trafiquez de votre conscience, vous serez déshonoré, méprisé.

Le roman ajoutera : — c'est par la bravoure, par l'héroïsme, par le dévouement, par le génie ou le talent, par le désintéressement et la noblesse du cœur, que l'on mérite et que l'on conquiert l'amour des femmes. Et puis, une fois dans la vie, la pauvre dupe voudra appliquer ces pompeuses théories. Vous le verrez, solitaire, promener dans les endroits écartés un habit râpé sur des bottes éculées ; vous le verrez sans position, sans considération, signalé par les mères prudentes comme un écueil sur la mer du pays de

Tendre; vous le verrez dédaigné par les jeunes filles, conspué par les hommes, montré au doigt comme un original, un sauvage, une peau-rouge; vous le verrez l'objet de l'indifférence, du mépris, vous le verrez pauvre, vous le verrez timide, n'osant pas prendre la parole dans un salon, relégué au bas bout de la table dans un dîner, si on l'invite pour ne pas être treize; à peine il sera servi par les domestiques.

Il traversera la vie avec ses vertus d'un autre âge, comme un homme qui irait au marché avec des assignats et des actions signées Law. Il traversera la vie comme un roi de théâtre, avec sa couronne de papier doré et son manteau de calicot, teint en pourpre. Au marché on le prendra pour un mendiant, peut-être pour un voleur; dans les rues, on le sifflera. Oh! oui, madame votre tante a bien raison, ne lisez pas de romans.

Ou si le mal est fait, si vous en avez déjà lu, cherchez le rayon de lumière qui doit vous renverser de vos chimères, de votre dada, comme saint Paul fut renversé de son cheval, et tâchez comme lui de rencontrer à temps ce salutaire et brutal rayon.

II

TROIS HOMMES AUTOUR D'UNE FEMME

(La scène se passe dans une île à trois lieues de Paris.)

———

PERSONNAGES.

1° Madame Macré, habitant la seule maison qui soit dans l'île, maison qu'elle a louée pour la saison. Madame Macré est une de ces femmes composées si adroitement d'une jolie tête, d'un peu de corps, de beaucoup de crin, d'énormément d'étoffes, de dentelles, etc., — qu'on ne démêle pas facilement ce qui appartient à la nature de ce qui appartient à l'art.

La parure semble adhérente à la femme, et faire

partie d'elle-même comme les plumes font partie de l'oiseau.

Ce n'est pas précisément une femme pour un statuaire ; rien n'est tout à fait à sa place, rien n'a sa forme normale.

Madame Macré, comme un grand nombre de bourgeoises parisiennes, est d'une autre classe sociale que son mari. Monsieur Macré est un mercenaire, un homme de peine qui travaille dans un bureau d'un ministère quelconque, de neuf heures du matin à quatre heures du soir. Comme ses appointements, joints à la dot de la femme, n'atteindraient pas cette égalité de dépense qui existe dans la société contemporaine, il fait quelques affaires à la petite Bourse, où il va le matin, en reculant de trois quarts d'heure son arrivée au bureau, qu'il quitte également trois quarts d'heure plus tôt pour retourner à la petite Bourse.

Madame Macré est rentière, c'est-à-dire qu'elle vit sans autre occupation que celle de sa toilette. Il vient un moment où Paris *n'est plus habitable,* où il est de bon ton d'être à la campagne. Monsieur Macré reste à Paris néanmoins, mais madame loue une maison de campagne où monsieur Macré vient la voir le samedi soir. Il y reste jusqu'au lundi matin. Il passe toute la journée du dimanche à pêcher à la ligne. A six heures, des amis viennent dîner. Tout le reste de la semaine madame Macré est seule.

2° Monsieur Richard, jeune peintre de talent qui habite dans l'île une chambre que lui loue le meunier, au milieu des bœufs et des chevaux qui posent pour lui toute la journée, tout en paissant l'herbe drue et verte.

3° Un jeune homme dont on ne prononce jamais le nom, — les uns ne le sachant pas, les autres ne voulant pas le dire ; — il est des derniers. Il vient deux fois par semaine voir madame Macré, mais jamais le samedi ni le dimanche.

4° Monsieur Macré, déjà nommé et déjà décrit.

Monsieur Richard à madame Macré.

« Madame,

» Le théâtre est tout préparé : — les décors sont frais et charmants, — des rives vertes, des saules bleuâtres, une eau murmurante.

» Des nénuphars, des joncs fleuris, des wergiss-meinnicth sur les bords ; — des oiseaux chantant dans les arbres ; — la nuit un ciel étoilé, le chant du rossignol dans le silence.

» Pas de distractions. — Moi, pas de visites ; vous, très-peu.

» Il y a nécessairement sur ce théâtre une pièce qui doit se jouer, et dont nous savons les rôles. Vous êtes la plus charmante amoureuse du monde, moi je me tire passablement des amoureux villageois, gros Réné et petit Pierre ; — j'ai une guitare, et un bateau qui la nuit joue très-bien la gondole.

» Il faut que cette pièce se joue ; si quelqu'un occupe l'emploi des amoureux, je me tiendrai à mon rôle de spectateur. Si vous n'êtes pas très-heureuse, vous devez vous ennuyer beaucoup, c'est ce qui me donne la hardiesse de vous écrire ; une femme qui s'ennuie est indulgente. »

Madame Macré à monsieur Richard.

« Monsieur,

» Vous avez bien raison de compter sur la solitude et sur l'ennui ; ils sont cause que je vous réponds.

» Je ne suis point veuve ; monsieur Macré, grâce au ciel, ne pense pas à me faire ces loisirs. Il tient donc en chef et sans partage l'emploi dont vous me parlez. Il passe ici un jour chaque semaine ; les autres il y a relâche.

» Vous êtes un peintre célèbre ; je peins un peu, mais mal. Si vous voulez vous tenir pour averti de ce qui précède, et ne vous croire point obligé de me faire la cour, je serai très-heureuse de vous rencontrer et de voir vos études. »

Monsieur Richard à madame Macré.

« Madame,

» Je ferai naturellement tout ce que vous voudrez ; mais il faudrait savoir bien précisément ce que vous voulez. — Permettez-moi de vous aborder demain pendant votre promenade ; je me sens par lettres, et de loin, un peu plus hardi que vous ne voudriez sans doute le permettre, tandis que de près, et *parlant à votre personne*, je retrouverai autant de soumission et de timidité que vous en pourrez désirer. »

Madame Macré à monsieur Richard.

« Monsieur... »

Elle ne put aller plus loin, elle déchira et recommença quatre fois la lettre sans mieux réussir.

. Il n'est pas adroit à un homme, se dit-elle, d'exiger des réponses catégoriques et précises; cela nous rappelle nécessairement à la prudence et à la raison, on ne peut répondre que... *non*.

Je ferai demain une promenade à l'heure ordinaire et à l'endroit accoutumé, c'est à lui de deviner.

Le lendemain, madame Macré descend dans l'île et va vers le moulin; monsieur Richard la salue et l'aborde.

M. RICHARD.

Je vous demande pardon, madame, de vous désobéir, car vous n'avez pas daigné me répondre.

MADAME MACRÉ, *à part*.

Ça, c'est mieux.

M. RICHARD.

Permettez-moi de vous dire deux mots dans votre intérêt. Si mes empressements vous sont importuns, en ne répondant pas, en ne répondant qu'à moitié ou d'une manière vague, vous vous exposez à les faire durer assez longtemps.

Si au contraire vous voulez me répondre avec franchise, vous n'avez rien à craindre de semblable.

MADAME MACRÉ.

Les relations qui peuvent exister entre nous n'ont rien à demander à la franchise, à moins que vous n'entendiez parler de vos études peintes. Montrez-moi quelque chose.

M. RICHARD.

Voici mon carton, madame.

(Silence pendant lequel madame Macré regarde les dessins, et le peintre regarde madame Macré).

M. RICHARD.

Vous vous en allez déjà, madame?

MADAME MACRÉ.

J'ai regardé deux fois vos dessins, qui sont charmants, et... vous ne me dites rien.

M. RICHARD.

Madame, il me vient une foule de choses à dire, mais c'est bien embarrassant, allez, une première conversation. Il y a une monnaie d'usage, une monnaie de lieux-communs : le beau temps, la pluie, le monde, la musique. Je n'ai pas un sou de cette monnaie-là. Il ne me vient que des choses de troisième et de quatrième conversation. Si les femmes savaient comme les hommes sont timides, elles en auraient vraiment pitié.

MADAME MACRÉ.

Il fait bien chaud, monsieur, je vais rentrer.

M. RICHARD.

Il y a une ombre charmante sous les saules, madame, voulez-vous vous y asseoir?

MADAME MACRÉ.

A condition que vous changerez les médailles précieuses que vous vous vantez de posséder en menue monnaie de conversation ayant cours.

M. RICHARD.

Je tâcherai, madame. Voyez comme on est bien ici. Les demoiselles vertes se poursuivent dans l'air, les fauvettes gazouillent sous les feuilles.

Tenez... je dis bien les paroles vides que vous exigez, mais je les chante sur un air qui va vous offenser. Il semble des paroles faites pour Arnal, que l'on chanterait sur la poignante mélodie dernière de Charles de Weber.

J'aurai beau dire : il fait chaud, — moins chaud qu'hier — il fera peut-être plus chaud demain, — tout cela voudra dire que je vous trouve charmante.

MADAME MACRÉ.

Adieu, monsieur.

M. RICHARD.

Au nom du ciel! ne partez pas encore; je ne parlerai plus de vous!

MADAME MACRÉ.

A la bonne heure!

M. RICHARD.

Je vais vous parler des voitures à six sous.

MADAME MACRÉ.

— Comme vous voudrez.

M. RICHARD.

Il y a quelque chose que j'ai bien admiré de la part de l'administration des omnibus.

MADAME MACRÉ.

Vraiment !

M. RICHARD.

Il devait être bien ennuyeux pour les conducteurs d'être interpellés tout le long de leurs parcours et d'être obligés de répondre deux cents fois par jour : « Il n'y a plus de place. » Également il était irritant pour un piéton fatigué ou menacé d'une averse, de courir après une voiture, et de ne savoir qu'il n'y avait pas de place qu'après un steeple-chase de sept ou huit minutes.

Aujourd'hui, un grand écriteau relevé annonce, en même temps que l'on voit la voiture, qu'il n'y a pas à espérer d'y trouver une place.

Complet !

On ne caresse pas une espérance décevante, on ne court pas après un désappointement ; d'un même coup d'œil vous voyez que cette voiture n'existe pas pour vous, vous n'avez rêvé ni repos ni accélération de votre voyage. Vous en attendez une autre. — Vous bâillez, madame?

MADAME MACRÉ.

Un peu, monsieur.

M. RICHARD.

Attendez, madame, j'arrive au fait.

MADAME MACRÉ.

Il y a un fait?

M. RICHARD.

Certainement. Eh bien ! il me semble qu'une honnête femme devrait imiter les voitures à six sous. Aussitôt qu'un homme semble s'occuper d'elle, au lieu de laisser naître de trompeuses espérances, elle devrait imaginer quelque chose qui correspondrait à l'écriteau et qui dirait :

COMPLET !

MADAME MACRÉ.

Quelle folie !

M. RICHARD.

C'est au contraire fort raisonnable; mais s'il y a des hommes que les femmes n'aiment pas, il n'y en a guère dont elles n'aiment l'amour. — Jamais elles n'imaginent une vertu qui consiste à n'exister que pour un seul. — Non, la femme la plus héroïquement constante veut bien n'être qu'à un seul, mais elle voudrait que tous les autres en mourussent de chagrin. Ainsi, vous, madame...

MADAME MACRÉ.

Il est convenu que vous ne parlez pas de moi.

M. RICHARD.

Il ne s'agit pas de compliments, au contraire.

MADAME MACRÉ.

J'écoute.

M. RICHARD.

Je vous ai écrit que j'étais tout près d'être amoureux de vous. Si vous m'aviez répondu : J'ai un amant que j'aime, j'aurais dit : C'est bien !

Complet!

Et je crois bien que je n'y aurais plus pensé. Si vous voyiez la moue charmante que vous venez de faire! Comme cela, dessiné par Gavarni, illustrerait admirablement ce que je disais tout à l'heure!

Mais vous me répondez : « J'ai un mari qui vient ici une fois par semaine. » J'apprends en outre qu'il est vieux et malade.

Je me dis : « Il y a bien dans ce cœur-là une petite place de strapontin; c'est une femme qui n'aime pas. » Et j'insiste, je vous écris encore, je cherche à vous voir. Je passe une partie des nuits sous vos fenêtres, je fais les rêves les plus ravissants, je pense que vous m'aimerez peut-être un jour.

MADAME MACRÉ.

Très bien! monsieur ne croit pas à l'honnêteté des femmes, monsieur ne croit pas qu'une femme peut s'attacher à ses devoirs, monsieur ne croit pas...

M. RICHARD.

Pardon, monsieur croit qu'une femme ne vit pas sans amour; qu'une femme qui aimerait son mari, ne se résignerait pas à ne le voir qu'un jour par semaine, qu'elle ne voudrait pas de loisirs qu'il ne partagerait pas, qu'elle l'attendrait le soir chez lui pour lui offrir un doux repos après une journée laborieuse. Alors monsieur se dit : « Madame Macré n'aime pas son mari, elle prétend n'aimer aucun autre, donc il n'y a pas lieu de se désespérer. » L'été à la campagne, tout invite à l'amour, et j'accorde ma guitare.

MADAME MACRÉ.

C'est trop écouter des folies ; adieu, monsieur.

M. RICHARD.

Adieu, madame ; à demain.

MADAME MACRÉ.

Non, monsieur ; si vous m'abordiez, vous me feriez diriger d'un autre côté des promenades qui me sont plus agréables dans cette île.

M. RICHARD.

Eh bien ! madame, dites-moi que vous aimez quelqu'un.

MADAME MACRÉ.

Oui, monsieur ; j'aime mon mari.

FIN DE LA SCÈNE.

Monsieur Richard à madame Macré.

« Madame, vous vous êtes retirée avec la majesté redoutable d'une reine offensée. Je n'espère pas vous voir demain. Je vous envoie une lettre dont vous me saurez gré. Je dispose le cachet de telle façon que vous pouvez ouvrir la lettre sans la rompre, et qu'ensuite vous pouvez la refermer et me rendre la lettre sans que je puisse savoir si vous avez daigné la lire.

» Voyons, madame, soyez bonne ; ôtez-moi tout à fait l'espérance, levez l'écriteau :

» COMPLET !

» Sans cela, je vais m'essouffler à courir après cet amour que vous me laissez rêver. On ne peut pas demander moins à une femme : désespérez-moi tout à fait.

» Certes, ma raison me dit que ce jeune homme qui

vient vous voir deux fois par semaine, et jamais le samedi ni le dimanche, —ce jeune homme que vous reconduisez avec tant d'apparat, jusqu'au passage de la rivière, après quoi vous rentrez solennellement seule chez vous, — ce jeune homme que j'ai rencontré un matin à cinq heures dans cette même île, que je l'avais vu quitter la veille au soir, est plus pour vous qu'une simple connaissance, et fait parfois ce qu'on appelle au théâtre une fausse sortie.

» Eh bien! si vous ne me dites pas franchement, oui! — l'espérance est si absurdement vivace, que je douterai, que j'admettrai les suppositions les plus invraisemblables, que je laisserai l'amour étendre ses racines dans mon cœur. Dites-moi : — Oui, cet homme est mon amant, — et je ne vous importunerai plus, — et j'aurai la discrétion qu'un honnête homme doit à une femme qui lui donne une preuve de confiance. Mais si vous refusez de lever l'écriteau :

» COMPLET !

» Si vous me laissez poursuivre la voiture, ce sera en vain que je trouverai toutes les places occupées quand je l'aurai atteinte ; j'y entrerai en coudoyant les voyageurs, et ce sera votre faute.

» Si ce n'est pas un amusement qui vous soit tout à fait indispensable que celui de me tourmenter et de me livrer aux tortures d'un amour malheureux, je vous le répète, découragez-moi tout à fait. »

Madame Macré à monsieur Richard.

« Monsieur, je vous réponds pour la dernière fois : la personne dont vous me parlez est un ami de ma famille ; nos relations n'ont rien que d'innocent.

» Je vous trouve présomptueux, permettez-moi de vous le dire, de penser que si je n'aime personne, je dois nécessairement vous aimer. Je trouve, permettez-moi encore de vous le dire, tout à fait impertinente votre comparaison obstinée entre le cœur d'une honnête femme et un omnibus.

» Mon cœur serait tout au plus comparable à une voiture bourgeoise, dont la place vacante n'appartiendrait pas au premier passant fatigué, mais à celui qu'il me plairait d'y admettre. Cessons donc ce badinage auquel je me reproche de m'être prêtée. Si vous voulez que nous puissions nous rencontrer, il faut que vous preniez tout à fait au sérieux ce que je vous ai dit et ce que je vous répète pour la dernière fois. Puisque dans vos belles théories, vous n'admettez pas que l'on puisse aimer son mari, j'aime mes devoirs, et cela me suffit.

» Adieu, monsieur. »

Monsieur Richard à madame Macré.

« Vous persistez, je m'opiniâtre.

» Je vous ai donné un moyen de vous débarrasser de moi, de me décourager, vous refusez de vous en servir... Eh bien ! soit ; je persiste à dire que, dans la situation où nous sommes, seuls dans une île quasi déserte, soumis aux influences du printemps et de la nature en fleur, nous devons nous aimer, à moins qu'un de nous deux n'ait le cœur occupé. — Remarquez, je vous prie, que cette restriction est une marque de respect pour votre caractère, et que je ne puis penser cela que d'une très-honnête femme.

» Vous n'aimez personne ; je vous aime, vous m'aimerez.

» Les hostilités commencent. J'irai jouer de la guitare et chanter toutes les nuits sous vos fenêtres ; je vous adresserai des volumes de vers ; je vous suivrai en tous lieux ; je me bercerai de si douces espérances, que vous ne pourrez ensuite les tromper qu'en les changeant en une haine profonde, dont les résultats serviront d'exemple aux autres coquettes. »

Les femmes sont si bizarres, pensa monsieur Richard, qu'elle dit peut-être la vérité. Et d'ailleurs ce jeune homme qui vient la voir n'est pas bien.

Et il envoya des bouquets et des vers, et il joua la nuit de la guitare sous les fenêtres, et il se laissa devenir amoureux tout à fait.

Madame Macré n'accueillait pas tout à fait, mais ne repoussait pas non plus complétement sa cour. Elle avait chaque jour une dizaine d'heures dont elle ne savait que faire. Elle se croyait très-honnête en laissant subsister et grandir l'amour de monsieur Richard, pourvu qu'elle n'y répondît pas, et elle était parfaitement résolue à n'y pas répondre.

Un matin, monsieur Richard rencontra l'ami de la famille de madame Macré qui sortait de l'île à une heure où les oiseaux ne faisaient que commencer à secouer leur plumage hérissé par la fraîcheur de la nuit.

Il attendit qu'il fît une heure convenable et il se présenta chez sa voisine, — il avait un joli bouquet à la main.

« Ma belle voisine, lui dit-il, je viens encore faire une tentative auprès de vous. Par votre faute, me voici tout à fait amoureux de vous. — Cependant, je crois que j'aurais encore la force de partir ce soir et de m'en aller passer quelques mois en Suisse et en Italie. Je viens donc vous supplier d'avoir pitié de moi. Je ne crois pas, je ne croirai jamais à votre tendresse pour votre mari ; vous êtes faite par l'amour et pour l'amour ; si vous n'aimez personne autre que le possesseur légal de vos attraits, votre cœur est un cœur en loterie ; j'ai mis depuis longtemps déjà à cette loterie et j'ai plusieurs billets ; mes numéros sont aussi bons que les numéros de tout autre.

Voici mes numéros :

1er numéro, votre solitude ;

2e numéro, votre ennui ;

3e numéro, mon assiduité ;

4e numéro, votre jeunesse ;

5e numéro, la mienne ;

6e numéro, la campagne.

Je ne compte pas pour un bon numéro l'amour sérieux que vous m'inspirez ; loin de là, si je pouvais ne vous désirer qu'un peu, ce serait une bien meilleure chance.

J'ai encore vu ce matin quelque chose qui devrait

me prouver que le tirage de la loterie est fait et que le gros lot est gagné. Mais pour un homme amoureux au degré où je le suis, il n'y a plus de preuve, il n'y a plus d'évidence, il n'y a plus de raisonnement.

J'ai souvent lu et entendu dire que l'amour donne de l'esprit aux bêtes. C'est sans doute celui qu'il ôte aux gens d'esprit. Je voudrais bien savoir à quelle bête il a fait présent de l'esprit que j'avais autrefois. Est-ce à ce jeune homme que j'ai rencontré ce matin de si bonne heure? Il sortait de l'île en même temps que le soleil sortait de l'eau. Chacun quittait son Amphitrite.

Il est clair pour ma raison que ce jeune homme est votre amant. Eh bien ! je suis devenu tellement absurde que je trouve moyen de douter. Maintenant que me voilà devenu si bête, il serait bien temps que l'amour me donnât l'esprit de quelqu'un.

Voyons, madame, sérieusement, je souffre, je suis malheureux ; dites-moi la vérité. Je sais bien que cela coûte à une femme de dire ces gros mots : Cet homme est mon amant. Mais vous pourriez me dire simplement : Oui.

Ou mieux encore :

Voici un bouquet que vous regardez de côté, — avec l'air de me prendre pour un contribuable en retard.

— Vos regards obliques m'ont déjà lancé une menace bleue semblable par la couleur au papier poussé à bout qui suit le papier blanc pacifique et sans frais, et le papier rose irrité qu'envoie l'administration du fisc avant de se décider à vous parler sur papier bleu.

Oui, madame, ce bouquet est pour vous, cet heureux bouquet dont c'est la fête aujourd'hui.

Eh bien ! si ce jeune homme est votre amant, soyez loyale, refusez mon bouquet.

MADAME MACRÉ.

Si ce n'est pas l'esprit, c'est au moins le sens commun qui vous manque, monsieur. Comment! je ne puis refuser un bouquet auquel surtout il vous plaît de donner tant d'importance, sans que ce soit l'aveu d'une faiblesse criminelle ! Je pourrais refuser ce bouquet à cause de l'importance que vous essayez de lui donner, je pourrais le refuser parce que l'odeur du jasmin est pour moi délicieusement vénéneuse, je pourrais le refuser parce qu'il a un air présomptueux, parce qu'il est odieusement fait en cocarde, etc. Et il faut que je le prenne, sans quoi vous vous croirez autorisé à considérer comme confirmées vos ridicules imaginations.

— Vous prenez le bouquet, madame?

— Il le faut bien, monsieur.

— Alors, ce jeune homme n'est pas votre amant?

— Ah! monsieur, vous devenez bien insupportable. Vous me ferez plaisir de ne plus prendre, à l'avenir, ce sujet de conversation, qui me blesse et m'ennuie. Faites comme si j'avais un amant, ne vous occupez plus de moi.

— Vous avouez donc?

— Non, mille fois non! je vous répète pour la dernière fois que je n'ai pas d'amant, mais aussi que je n'en aurai pas.

— Cela ne me décourage pas, madame; je vous supplie de me décourager.

— Je ne vous aime pas, je ne vous aimerai jamais.

— Parce que vous en aimez un autre.

— Oui, certes, mon mari.

— Alors, je continue à vous faire la cour.

— Comme vous voudrez; ça ne m'ennuie pas qu'on me fasse la cour. Seulement, n'oubliez pas ce que je vous ai dit.

— Ainsi vous prenez le bouquet? Vous êtes méchante, madame. Si je peux hériter du premier esprit qu'on perdra en vous regardant, je vous ferai une terrible guerre. Vous promenez-vous aujourd'hui?

— Oui, si le temps est beau.
— Dans mon canot?
— Volontiers.
— A quelle heure?
— Au coucher du soleil. »

En effet, lorsque le soleil glissa ses rayons obliquement à travers les saules, le canot se trouva le plus près possible de la maison de madame Macré. Elle s'assit sur des carreaux de velours bleu sous une tente de damas bleu. Un gros bouquet de tubéreuses exhalait par bouffées ses violents parfums.

« Que votre canot est donc élégant!
— Madame, de midi à cinq heures, je n'ai pas perdu beaucoup de temps pour l'orner et le rendre un peu plus digne de votre présence. Il est tout pavoisé et tendu de cette couleur que vous aimez et qui vous va si bien. Pour ces tubéreuses, elles me sont précisément arrivées ce matin. J'avais écrit à Nice pour qu'on m'envoyât les premières qu'on pourrait se procurer; il n'y en aura pas à Paris avant quinze jours; j'ai avancé de quinze jours le plaisir que vous cause cette fleur. Je voudrais vous donner toute la nature.

— C'est une charmante galanterie!

— Vous n'accepteriez pas ces soins de tous les instants, cette préoccupation sans relâche si vous aviez un amant, n'est-ce pas?

— Encore!

— Vous niez?

— Oui, et je hausse les épaules en même temps.

— Attendez-vous ce monsieur ce soir?

— Peut-être.

— Voulez-vous que j'aille vous voir?

— Très volontiers... Nous prendrons du thé.

— Chez vous, je ne prends que de l'amour; j'en prends par les yeux, par les oreilles; par la bouche si je baise votre main... Pourquoi me laissez-vous baiser votre main?

— Parce que cela est une galanterie banale, et que mon mari n'y trouverait rien à redire.

— Ah! madame si vous saviez l'enivrant plaisir que j'y trouve!

— Monsieur, si ne versant que de l'eau à mes convives, j'apprends que l'un d'eux s'est grisé, je ne me croirai en rien complice de son intempérance et de la faiblesse de sa tête. »

Le soir, monsieur Richard trouva l'étranger chez

madame Macré. — Monsieur Richard était décidé à ne pas s'en aller le premier. — L'étranger se leva. Monsieur Richard fit comme lui. — Tous deux prirent congé de madame Macré, mais elle leur dit : Attendez, je vais conduire monsieur jusqu'au passage du bateau, monsieur Richard me ramènera.

A la place ordinaire, il n'y avait pas de bateau ni de batelier.

On s'informa. Le batelier est sur le continent et y a naturellement laissé son bateau.

Comment faire ?

« Je puis offrir à monsieur, dit monsieur Richard, un lit chez moi, s'il ne tient pas absolument à s'en aller ce soir.

— Il faut qu'il s'en aille dit madame Macré.

— Savez-vous nager, monsieur?

— Non, et d'ailleurs... mes habits...

— On peut les porter en paquet, et ne les mouiller qu'à moitié.

— Monsieur ne nage pas, et ne peut rester.

— J'ai un canot ; mais il est à la pointe de l'île.

— Peu importe. »

Les trois personnages vont à la pointe de l'île, où le

canot de monsieur Richard est amarré à un saule ; on monte dans le canot. L'étranger et madame Macré s'asseoient auprès l'un de l'autre sur les carreaux de velours bleu et causent à voix basse ; monsieur Richard prend les avirons.

Au bout de vingt minutes, madame Macré dit :

Mais nous n'arrivons pas.

« Qu'importe, répond M. Richard, la nuit est douce et sereine !

— Il est plus que temps que je rentre chez moi.

— Il aurait fallu remonter le courant, qui est rude ; nous allons nous trouver auprès d'une autre route : la route de Saint-Denis.

— Mais monsieur ne se perdra-t-il pas ?

— Au besoin, il peut suivre la rivière sur les bords et retrouver son chemin ordinaire. Aussi bien nous voici arrivés. »

En effet le canot aborde une terre plantée de peupliers et de saules.

« Sautez, monsieur.

— Monsieur, je vous remercie infiniment. Adieu, madame.

— A bientôt, monsieur. »

Ils se sont serré la main dans l'ombre; madame Macré a murmuré à l'oreille de l'étranger un mot faiblement articulé. Monsieur Richard a vu cette pression des deux mains, comme si la nuit eût été éclairée par des feux sanglants de flammes du Bengale; il a entendu, comme s'ils avaient été criés par une des trompettes de Jéricho, ces mots :

« Va vite, prends le bateau, et attends-moi chez moi. »

M. Richard, repoussant le sol d'un pied vigoureux, remet son canot au courant de la rivière. On échange encore un adieu sans se voir.

Puis Richard a repris les avirons, et le canot marche en remontant le chemin qu'il a descendu. Il prend un autre bras de la rivière. Madame Macré le lui fait observer.

« Ah ! madame, il fait si beau !
— N'importe, je veux rentrer.
— Aussi rentrons-nous, madame. »

Madame Macré prête l'oreille, elle a cru entendre appeler.

Richard, qui a une belle voix, entonne une barcarolle.

« Taisez-vous donc, monsieur Richard, il me semble...

— Rien... ce monsieur confie à la brise un dernier adieu.

> Et vogue la nacelle
> Qui porte mes amours.

— Nous n'arrivons pas, monsieur.

— Ah! madame, votre empressement me ferait croire que notre compagnon de voyage vous attend déjà chez vous.

— Quelle folie!

— Ce n'est pas vrai? décidément, cet homme n'est pas votre amant. Tant mieux; d'ailleurs il ne serait plus temps de me l'avouer.

— Pourquoi cela?

— Ah! parce que s'il était votre amant, si pendant que je vous ramène là-bas, il avait repassé la rivière et vous attendait dans cette maison à la porte de laquelle moi je vais vous laisser, j'aurais joué ce soir un rôle parfaitement ridicule, et ce serait très-malheureux pour vous deux.

. . . .

— Mais, monsieur, dit madame Macré, vous ne ramez plus !

— Parfaitement observé, madame.

— Alors, nous n'avançons pas.

— Logiquement déduit, madame.

— C'est que j'aimerais mieux marcher et rentrer chez moi.

— Pourquoi, madame ?

— Vous êtes curieux, monsieur.

— Oui, madame.

— Pour dormir, monsieur.

— Pour dormir ! Oh ! alors, ce n'est pas bien pressé. Si vous me disiez : Il y a un homme que j'aime, qui m'attend chez moi, je n'aurais pas la plus petite objection à faire.

— Personne ne m'attend chez moi.

— J'en suis persuadé, madame, plus que vous ne le croyez, et plus peut-être que vous n'en êtes persuadée vous-même.

Je disais donc que, dans ce cas seulement, je me ferais un scrupule de vous faire perdre une minute ; mais puisqu'il s'agit de dormir, je vais essayer de vous réveiller en vous chantant une des soixante romances que j'ai déjà faites pour vous. »

Monsieur Richard chanta à madame Macré une romance très-tendre.

A cette première romance très-tendre, il fit succéder une seconde romance très-passionnée.

Je ne sais pas bien pendant laquelle des deux ni à quel couplet il avait changé de place, mais à la fin de la seconde il était assis près de madame Macré et cna it une main de la belle dans les siennes.

La romance finie, elle retira brusquement sa main comme si le silence la réveillait en sursaut de la douce torpeur où la plongeait la musique.

« Allons-nous-en, monsieur, allons-nous-en, dit-elle.

— Pourquoi? Cette nuit est si belle!

— Raison de plus.

— Vous m'avez dit, madame, que personne ne vous attendait chez vous; eh bien, moi, je vous donne ma parole d'honneur que c'est vrai, personne ne vous attend.

— Que voulez-vous dire?

— Ah, diable! votre voix tremblante m'avertit bien à temps que je faisais une sottise... J'allais vous laisser croire que notre compagnon de tout à l'heure était infidèle ou indifférent; c'était adroit! On n'aime que ceux qui ne le méritent pas. Non, madame, non, il est très-fidèle, ce pauvre diable, il est très-amoureux, il se désole, mais il ne vous attend pas ; ce n'est pas sa faute, madame, c'est la mienne, c'est uniquement par ma volonté.

— Avez-vous assez entassé d'impertinences et de folies, monsieur ?

— Oui, madame ; parlons de choses raisonnables : je vous adore... »

Et Richard lui raconta tous ces petits riens, toutes ces menues circonstances du commencement d'un amour : la robe qu'elle avait tel jour où elle ne l'avait pas regardé ; et comme elle était jolie avec un œillet dans les cheveux, la première fois qu'il avait osé la saluer ; et comme il avait payé cet œillet un louis à sa femme de chambre ; et il tira la fleur desséchée de son portefeuille.

« Partons, monsieur, partons ! dit-elle.

— Je vous ai donné ma parole d'honneur que personne ne vous attend, madame. »

Madame Macré était émue et tremblante. Elle croyait

savoir que l'inconnu était chez elle. Depuis quelque temps elle était fort bien disposée en faveur de Richard, mais elle était effrayée de la pensée de rompre une liaison pour en former une autre. A vrai dire, elle n'avait jamais réellement aimé l'autre, et, comme Richard était à ses genoux, elle le repoussa en disant :

« Écoutez-moi, monsieur.

— Je vous écoute, madame.

— Non, pour m'écouter, il faut vous asseoir à votre place.

— J'y suis, madame; c'est la seule place que j'aime et que j'ambitionne; d'ailleurs, un orateur ou un poëte dramatique a tout intérêt à ce que son auditoire soit placé à son goût; cela dispose très-bien l'esprit à se laisser influencer. Laissez-moi là, et la cause que vous me paraissez vouloir plaider en sera à moitié gagnée.

— Hélas! oui, monsieur, c'est une cause que j'ai à plaider, et la cause d'une femme bien malheureuse... plus malheureuse que coupable.

— Oh! madame, mon vœu le plus cher est de vous rendre plus coupable que malheureuse.

— Ne m'interrompez pas.

— A condition que vous ne me dérangerez pas.

— Vous aviez deviné, monsieur; l'homme qui nous quitte est mon amant. Maintenant, vous allez renoncer à des prétentions qui m'offenseraient et qui me désespèrent. Remettez-vous à votre place.

— J'ai trop besoin de consolations ; laissez-moi là.

— Nous ne nous reverrons jamais, monsieur, ainsi je puis être franche et tout vous dire : Votre amour me touchait, monsieur; nos âmes sont sœurs, etc., etc. »

Et elle lui conta tout ce que les femmes racontent en pareil cas.

Elle avait été mariée à seize ans par ses parents, ignorant ce que c'était que l'amour. Son mari *ne la comprenait pas*. Cependant elle se serait résignée à cette *vie manquée ;* elle n'aurait jamais enfreint ses devoirs, elle aurait su résister à l'amour, mais précisément parce qu'elle n'aimait pas M.***, elle s'était laissée glisser sur une pente dangereuse. Elle aurait résisté à l'amour qu'elle eût éprouvé, elle avait succombé à celui qu'elle inspirait; elle avait renoncé à goûter le bonheur, mais elle n'avait pas résisté à l'idée de le donner. Elle n'aimait pas M.***, qui était un homme un peu vulgaire, un peu ceci, un peu cela. Elle avait fini par croire que l'amour n'était pas autre chose; ça valait à peine l'embarras d'y résister. Mais l'amour de monsieur Richard l'avait éclairée ; elle voyait de loin la terre promise où elle n'entrerait pas. Seulement, cette liaison lui était devenue odieuse ; dès le lendemain elle fuirait Richard, mais en même temps elle renverrait M.***.

« Renvoyez M.***, très-bien, mais gardez-moi.
— Non, cette erreur m'a rendue indigne d'un amour tel que je le comprends, etc. »

Monsieur Richard rendit à madame Macré les lieux communs correspondants à ceux qu'elle venait de lui débiter.

« Eh mon Dieu ! il n'y a pas une femme qui n'ait fait dans sa vie un choix ridicule et inexplicable. On ne peut se passer d'amour. C'est l'amour qu'on aime, ce n'est pas l'amant. On fait comme ces pauvres femmes qui, n'ayant pas de vase de porcelaine, plantent et cultivent sur leur fenêtre un rosier dans une marmite fêlée.

L'amour, le véritable amour purifie tout comme le feu, etc., etc. »

Tout cela, qui veut dire simplement : Je suis amoureux de vous, ravissante musique qui s'arrange de toutes les paroles ; tout cela persuadait si bien madame Macré que ce fut avec un accent de réel désespoir qu'elle dit :

« Mais, monsieur, cet homme m'attend chez moi !
— Non, madame.
— Comment, vous ne comprenez pas ce que vous avez soupçonné... une fausse sortie... une fois sur l'autre bord...
— Voilà précisément où est la difficulté : c'est que je ne l'ai pas déposé sur l'autre bord, mais bien dans une jolie petite île parfaitement déserte.
— Ah ! monsieur... »

Et madame Macré fut prise d'un rire nerveux, fou, inextinguible, maladif.

« Ne croyez pas que je rie, monsieur : c'est malgré moi ; c'est un ébranlement nerveux ; — je ne trouve pas cela plaisant du tout ; ce pauvre M... »

Le jour allait poindre, lorsque Richard répéta : Et ce pauvre M...

. . . .

. . . .

. . . .

« Qui donc? dit madame Macré.

— Notre Robinson...

— Ah! c'est vrai. »

Quand madame Macré rentra chez elle, les fauvettes chantaient déjà dans les buissons.

Elle se coucha et ne se serait levée qu'à midi, mais on vint la réveiller à neuf heures. Monsieur Macré, profitant d'une fête qui fermait la Bourse, était arrivé avant le jour pour essayer de nouveaux hameçons; il s'était fait mener tout d'abord sur la pointe d'une île dont le fond sablonneux promettait une riche capture de goujons. Dans cette île, il trouva M..., qui avait déjà fait treize lieues en rond, qui mourait de faim et serait devenu facilement anthropophage, si on lui avait servi monsieur Richard tout cuit. Monsieur Macré se lia intimement avec lui, l'amena déjeuner et le présenta à sa femme.

Je ne sais pas bien au juste comment l'affaire s'est arrrangée, — mais elle s'est arrangée. — Huit jours après, M..., monsieur Macré, Richard et madame Macré déjeunaient à la même table.

« Eh quoi, cette femme avait deux amants?

— Fi donc! M... avait passé second mari à *l'ancienneté;* elle avait deux maris. »

Si l'espace le permettait, je déclamerais ici avec chaleur contre les femmes de cette catégorie, mais je prie chaque lecteur de me suppléer et de donner un libre cours à son indignation, — après quoi il passera au chapitre suivant.

III

DÉFENSE DE L'AMOUR

Ah! monsieur l'attorney général, — permettez-moi de vous tendre la main par-dessus le détroit qui sépare l'Angleterre du continent. — Vous m'avez procuré une double satisfaction, monsieur l'attorney général : la première, c'est de me faire lire de bonnes choses bien dites ; la seconde, c'est de me donner de nouveaux arguments, de nouvelles munitions pour une des nombreuses guerres que je fais depuis longtemps.

Un monsieur Carden avait envie d'épouser une miss Arbuthnot, riche héritière, — que je suppose extrêmement jolie, ne trouvant à ce sujet aucun renseignement dans les journaux qui se sont occupés de l'affaire. Monsieur Carden demanda « la main » de miss Arbuthnot, il était dans son droit; mademoiselle Arbuthnot refusa « sa main, » elle était dans le sien.

S'il est un trope honnête et nullement *shoking*, c'est celui qui fait que l'on demande « la main » d'une personne que l'on veut épouser. — Ce qui m'étonne, c'est qu'il ne se soit pas rencontré des précieux et des précieuses pour enchérir sur cette expression, et demander seulement « le doigt » auquel on passe l'anneau de mariage.

Mais ce n'était pas monsieur Carden qui aurait raffiné ainsi.

Monsieur Carden, avec quelques affidés, attendit mademoiselle Arbuthnot à la sortie de l'église. On coupa, à coups de serpe, les traits des chevaux qui traînaient la voiture où miss Arbuthnot était avec ses deux sœurs et une amie, miss Linden. Monsieur Carden, armé d'un fouet, empoigna miss Louisa Arbuthnot, mais il trouva une vive résistance. Quelque horreur qu'inspire une violence amoureuse à la personne qui en est l'objet, il est à remarquer qu'elle en inspire encore davantage aux femmes à qui elle n'est point faite. Ainsi qu'on l'a vu dernièrement dans un procès correctionnel auprès de Paris, un jeune soldat embrassa malgré elle une blanchisseuse; celle-ci se contenta de lui donner un soufflet; mais ses compagnes ne pardonnèrent pas aussi bien la double offense qu'on leur faisait en embrassant leur amie et en ne leur donnant pas à elles-mêmes l'occasion de montrer avec quelle vertu vigoureuse elles repousseraient une pareille attaque : elles assommèrent plus d'à moitié le pauvre soldat à coups de battoirs, et on l'arracha tout meurtri de leurs mains vengeresses.

Miss Linden, amie de mademoiselle Arbuthnot, appliqua au ravisseur, de sa main délicate, un coup de poing si correct, si bien asséné, que le « sang jaillit du nez de monsieur Carden. »

On n'enseigne pas assez à boxer aux filles.

« Une lutte dans toutes les formes s'établit entre miss Linden et monsieur Carden, » dit monsieur l'attorney général, mais monsieur Carden fut vainqueur ; il arracha mademoiselle Linden de la voiture et la jeta par terre. — Il allait ressaisir miss Louisa, lorsque miss Arbuthnot l'aînée prit la place de miss Linden. Monsieur Carden l'arracha à son tour de la voiture, mais elle ne lâcha pas prise, et les deux combattants roulèrent dans la poussière. — Pendant ce temps, deux braves gens survinrent, — deux hommes du peuple, Magrath et Gmithwick, le second, berger, — qui, sans hésiter, engagèrent la lutte contre six hommes armés. — Monsieur Carden, très-rossé par le berger Gmithwick, s'enfuit en criant au secours. Ces cris attirèrent un officier de police, qui l'arrêta. Monsieur Carden fut ensuite mis en jugement et risquait fort d'être pendu, d'après la loi anglaise, qui ne badine jamais sur les questions de liberté individuelle.

On a attribué à une grande faveur et à cent causes diverses « le bonheur » qu'a eu monsieur Carden d'en être quitte pour deux ans de prison avec travail obligé.

J'en arrive à ce qui m'a touché d'une si vive sympathie pour monsieur l'attorney général.

« Quelques fous, dit-il, parlent d'indulgence pour monsieur Carden, en attribuant à l'amour les excès de l'accusé ; c'est prostituer le nom de l'amour : l'amour est un sentiment noble et n'emploie pas de pareils moyens. »

Oui, monsieur l'attorney général, je vous demande la permission de vous tendre et de vous serrer la main ; je maintiens qu'il n'y a pas de magistrat sur le continent qui eût osé prononcer ces paroles, tant est grande la puissance du préjugé qui empèse outre mesure le rabat de la magistrature continentale.

Et c'est un membre d'une magistrature qui a conservé l'énorme perruque, sans laquelle on ne peut plaider ni juger en Angleterre, qui devait, ô magistrats des autres pays! vous donner cet exemple de véritable simplicité !

Voyons, de bonne foi, — est-il bien rassurant de voir des magistrats feindre de ne pas connaître les passions, et entre les passions celle qui est réellement la plus grande, la plus noble, la plus puissante sur les âmes fortes et les esprits élevés ?

Le magistrat ne doit-il pas, afin de tempérer la sévérité de ses sentiments, et donner toute garantie à l'accusé, dire avec le poëte comique : « Je suis homme, et rien de ce qui appartient à l'humanité ne m'est étranger. » *Homo sum, et nihil humani à me alienum puto.*

Je maintiens que des anges seraient des juges absurdes et incapables de juger des hommes. Je connais quelques magistrats, et ils ont certainement trop d'esprit pour penser aussi mal de l'amour qu'ils en parlent à l'audience quand l'occasion s'en présente ; mais ils obéissent au préjugé, à la pruderie publique ; ils s'étudient à chercher des périphrases dédaigneuses, à afficher une horreur extrême pour l'amour, qu'ils n'osent jamais nommer qu'en accolant à son nom quelque épithète fâcheuse.

Toutes les passions malsaines, égoïstes ou bêtes, l'ambition, l'avarice, l'avidité, on les cite sans haine et sans colère ; mais l'amour, la seule passion qui cherche son bonheur dans celui d'un autre, l'amour qui grandit l'homme au-dessus de l'humanité, on semble n'oser y toucher qu'avec des pincettes. Rien n'égale la moue dédaigneuse et l'air dégoûté d'un jeune substitut ayant à parler de l'amour.

Ce que je dis là n'est pas un jeu d'esprit, ni un paradoxe de romancier; il est évident que le magistrat, que le juge n'a rien à perdre à se montrer humain dans le sens que j'ai adopté plus haut, c'est-à-dire à manifester qu'il voit, qu'il sent, qu'il comprend.

Attaquez la débauche, mais reconnaissez et respectez l'amour.

L'opposé de la débauche, ce n'est pas la pruderie, ce n'est pas l'austérité, ce n'est pas l'abstinence : c'est l'amour.

L'amour, c'est ce que Dieu a créé le soir du septième jour, après tout le reste, pour donner le mouvement et la vie à son œuvre.

Faites régner l'amour dans les âmes, — je parle de l'amour, « ce sentiment noble, » comme l'appelle avec tant de haute raison monsieur l'attorney général, — et vous aurez moins de crimes à punir, — surtout de crimes bas et honteux comme les font faire l'avarice et l'ambition.

Pourquoi cette hypocrisie, aussitôt que l'on est plus de quatre assemblés, de parler de l'amour avec ce dédain et ces mines rechignées ?

Pas plus que vous je n'estime cette horde de passions bêtes et infimes qui usurpent le nom de l'amour. Le plaisir médiocre qu'éprouvent des gens avinés à boire et à manger, le soir, avec les beautés vénales, n'est pas de l'amour.

Ce que j'appelle l'amour, c'est ce sentiment qui vous rend pour vous-même un juge si sévère, qui vous fait penser que vous ne serez jamais assez grand, assez noble, assez brave, assez désintéressé, assez dévoué, pour mériter que deux yeux s'arrêtent sur vous un instant.

L'amour, c'est le parfum de l'âme qui s'épanouit.

C'est l'amour qui vous donne le désir et la force de construire et d'embellir un siége sur lequel on ait envie de s'asseoir auprès de vous.

C'est l'amour seul qui vous fait pauvre avec orgueil et remplit votre vie de bonheurs gratuits.

IV

MENUS PROPOS

Je remercie beaucoup M. N. F..., qui me met à même de réparer une injustice, et de ne pas ressembler à quelqu'un que je signalais il y a quelque temps, qui ne tient que les serments des autres et ne répare que les injustices d'autrui.

J'avais écrit, à propos du procès de monsieur Carden, que pas un magistrat sur le continent n'aurait osé parler de l'amour en termes nobles et élevés comme avait fait monsieur l'attorney général qui portait la parole dans cette affaire.

On me rappelle que, à la cour d'assises de Paris, dans le procès de l'assassin Poulmann, le président, dont je regrette de ne pas savoir le nom, s'écria, en parlant à la fille Simonin, mêlée à cette affaire :

« Ne profanez pas ainsi le nom de l'amour ; ce n'est pas l'amour qui vous a liée à cet homme. Que peut-il y avoir entre vous et ce noble sentiment? »

J'ai retrouvé, dans un livre imprimé en 1640 et rapporté à une princesse ou duchesse de Toscane, un mot cruellement et injustement attribué depuis à Marie-Antoinette : « Si le peuple n'a pas de pain, qu'il mange de la brioche. »

Ce mot, d'ailleurs, prouverait plus d'ignorance que de dureté. Il est des gens qui, nés dans l'aisance, croient que le repas suit l'appétit, comme le sommeil suit l'envie de dormir. C'est à une erreur de ce genre, sans aucun doute, qu'il faut attribuer un abus que me signale M. C., juge, que je remercie très-cordialement de m'avoir pris pour secrétaire, et je lui pardonne de m'appeler *Kaar* depuis trente ans.

Je suis convaincu que cet abus aussitôt signalé à l'administration, mourra de lui-même, comme les crapauds meurent au soleil.

On a créé à l'administration des postes, un certain nombre de places, réservées aux femmes et filles des anciens employés de l'État, morts avant l'âge de la retraite ; — à la plupart de ces places, il n'est affecté qu'un traitement de 600 francs, et ces 600 fr. sont bien gagnés. — En général, en France, on est très-exigeant pour les petites places, et très-indulgent pour les grosses.

On ne peut se figurer l'énorme travail imposé à ces pauvres protégées et privilégiées. Elles n'ont pas deux heures de repos par jour, et celles qui se trouvent sur la ligne d'un chemin de fer sont obligées de se relever une ou deux fois chaque nuit.

On comprend que ces pauvres femmes ne font guère d'économies. Il est rare même que le cautionnement de 600 fr., qui répond de leur gestion leur appartienne, et alors elles ont à payer une différence d'intérêt. Eh bien, un arrêté, pris dans un but d'ordre et de régularité, vient d'aggraver leur situation, sans y prendre garde. Elles doivent dorénavant faire à l'État l'avance du prix des nouveaux timbres-poste, c'est-à-dire d'une somme d'à peu près 150 fr. Trois mois de leurs appointements !

C'est une véritable désolation ; j'aurai soin que ces lignes soient mises sous les yeux de monsieur le directeur des postes, qui trouvera, j'en suis sûr, quelque moyen de concilier l'ordre et l'humanité.

Quelques magistrats ne s'aperçoivent pas qu'ils disent quelquefois à l'audience « la dame une telle » ou « la femme une telle » selon que la femme appartient à telle ou telle classe, pauvre ou riche. — C'est une exception fort rare. — La plupart des magistrats comprennent tout ce qu'il y a de rigoureusement sacré dans l'égalité devant la justice.

V

OU L'AUTEUR PROPOSE
UN DÉBOUCHÉ POUR L'ENCOMBREMENT
DES FILLES A MARIER

Plusieurs familles de celles qui ont tous les droits à voir leurs membres exercer les professions libérales, ont placé leurs enfants dans les écoles d'agriculture ; ils en sortiront citoyens utiles et distingués ; mais, dès le commencement de leur carrière, ils trouveront un obstacle qui mérite qu'on s'en occupe.

Il faut que l'agriculteur se marie jeune ; il a besoin d'une compagne qui s'associe à ses travaux et soit le charme de sa vie. L'isolement où le place l'exercice de sa belle profession ne met à sa disposition que les heureuses, complètes et sérieuses joies de la famille. Eh bien ! l'agriculteur dont nous parlons, l'agriculteur instruit, dont l'esprit cultivé se sera enrichi de fleurs et de fruits, trouvera difficilement à se marier convenablement.

Si certains bons esprits commencent à voir ce qu'il y a de noble, d'élevé, d'indépendant dans la profession d'agriculteur, je doute que l'on ait rien fait jusqu'ici pour faire naître et cultiver ces sentiments et ces idées dans l'esprit des femmes. Une jeune fille de la bourgeoisie rêve de devenir la femme, d'abord d'un homme riche, puis d'un médecin, d'un avocat, d'un notaire. Si vous lui parlez d'un agriculteur, elle fera des moues dédaigneuses et ira pleurer dans sa chambre.

De sorte que notre jeune agriculteur n'aura à choisir que parmi les filles qui feraient galerie et tapisserie, et qui se verront exposées à *coiffer sainte Catherine*. De sorte que dans l'état actuel des idées, le jeune agriculteur sera considéré comme un « pis-aller, » et ne verra sa recherche accueillie que lorsqu'on sera sûre de ne plus voir se présenter de notaire, d'avocat ou de médecin, ou même de riche industriel.

Cela n'est qu'un des côtés et un des points de vue de la question.

Toute jeune fille bien élevée est toute prête à remplir convenablement les fonctions de femme d'un médecin, d'un notaire, d'un avocat, d'un négociant.

Il n'en est pas de même des fonctions de la femme

d'un agriculteur. Il faut pour les exercer avoir certaines connaissances.

Il faut qu'elle partage les goûts de son mari, qu'elle comprenne la grandeur, la noblesse et l'indépendance de sa profession, et qu'elle en soit fière. Il faut qu'elle connaisse les grands et les petits bonheurs de cette noble vie des champs, et qu'elle ne la prenne pas pour un exil.

Il faudrait ensuite qu'elle fût en état de surveiller une ferme et une nombreuse famille de servantes et de domestiques; qu'elle pût diriger la basse-cour, suppléer son mari pour les ordres à donner dans les absences ou pendant la maladie du maître; ce qui ne l'empêcherait nullement de dessiner si elle le voulait, et surtout d'avoir son piano, de faire de la musique, de chanter, de lire; en un mot, d'avoir tous les plaisirs intellectuels.

Mais le jeune agriculteur, qui d'abord aura été pris faute de mieux, non-seulement ne trouvera pas dans sa jeune femme ces connaissances utiles, qu'au besoin il pourrait lui procurer lui-même, mais il ne rencontrera pas le désir de les acquérir. Sa femme, au lieu de lui être un aide et un bonheur, sera un obstacle et un chagrin.

Les jeunes filles rêvent aujourd'hui la position bizarre et anormale qu'ont les femmes de la classe dite bourgeoise. Les maris travaillent, et les femmes n'ont d'autre souci que de s'habiller, de se déshabiller et de babiller. Elles sont d'une condition supérieure à celle de leurs maris, qui sont des ilotes obligés de travailler et de faire pis pour les entretenir dans un luxe qui est toujours tellement croissant que l'on abandonne les professions correctes, qui ne peuvent plus nourrir les familles, et que l'on se jette dans un jeu effréné, déguisé sous le nom d'affaires.

Les femmes ont la situation, commode peut-être, mais peu honorable, de jolis animaux que l'on nourrit pour le plaisir des yeux, des ouistitis, des bengalis, ou de petits chiens bichons, ou pis encore, de filles entretenues.

Or, il n'est pas difficile de remarquer que l'empressement pour les doux nœuds de l'hyménée, vieux style, s'en va fort diminuant de la part des hommes, et que, si elles n'étaient retenues par la bienséance et la fierté, ce serait au tour des femmes de témoigner par leurs gestes qu'elles manquent de maris, comme les Romains du ballet des *Sabines* faisaient savoir au public qu'ils manquaient de femmes.

On dit bien encore aux filles, moins qu'aux femmes cependant, parce que celles-ci ne peuvent prendre leurs admirateurs au mot ; on dit bien encore aux filles qu'un de leurs regards vaut toutes les mines de l'Australie, qu'on est prêt à se faire tuer pour un sourire, que baiser le bas de leur robe est un rêve dont on n'ose presque pas imaginer l'accomplissement, que l'or n'est rien auprès de leurs cheveux blonds, que les perles sont moins que rien auprès de leurs dents, que leurs yeux bleus ont plus de charmes et surtout plus de prix que les plus belles turquoises, etc.

Mais, par exemple, si la jeune fille répondait : « Eh bien ! prenez ces cheveux d'or, ces dents de perle, ces yeux de turquoises, ce sourire à perpétuité, etc. ; prenez cela pour vous seul, prenez-le pour toujours, » on lui dirait : « Minute, mademoiselle. Combien monsieur votre papa me donnera-t-il d'argent pour que je consente à entrer en possession de tant de charmes et d'un aussi grand bonheur ? »

Et malheureusement cette avarice masculine, qui autrefois était une chose honteuse et justement vilipendée par les poëtes, est devenue aujourd'hui parfaitement raisonnable.

En effet, supposons que la jeune fille réplique et dise : « Mais vous parlez maintenant de richesses ! Que parliez-vous donc tout à l'heure de mes cheveux d'or, de mes yeux de turquoise, de mes dents de perle, tous trésors dont le moindre était, disiez-vous, plus désirable que les mines de l'Australie !

— J'en parlerais volontiers encore, mademoiselle, si vous vouliez bien n'avoir jamais d'autre parure, d'autre or, d'autres perles, d'autres turquoises, que vos cheveux, vos dents et vos yeux. Je consentirais encore à les faire entrer dans le chiffre de la dot, si vous vouliez ne pas promener dans de riches carrosses ces dons précieux de la nature. »

Le monde et le mariage ressembleront bientôt à un bal où il n'y a pas assez de cavaliers.

Triste !

Ce serait donc trouver un débouché que d'élever des femmes pour les agriculteurs, en même temps qu'on commence à élever des agriculteurs intelligents, savants, distingués ;

Lesquels feront de l'agriculture, la plus noble et la plus indépendante des professions (c'est à dessein que je me répète), et aussi une des plus lucratives ; une profession où le nécessaire embrasse une partie du luxe des autres professions, luxe laborieusement acquis.

Les beaux jardins, les beaux chevaux, une table abondante font partie pour ainsi dire du mobilier nécessaire de l'exploitation.

Il faudrait d'abord inspirer aux jeunes filles le goût de la vie des champs. Pour cela il suffit de la leur faire connaître. Ce n'est que par ignorance qu'on ne préfère pas cette vie à toutes les autres.

Il faudrait leur donner certaines connaissances indispensables ;

Sans négliger les arts d'agrément, surtout la musique, repos, joie et fête de la maison.

Après tout, supposez qu'une fille élevée ainsi n'épouse pas un de ces heureux, nobles et libres paysans que je rêve et qui vont se réaliser, au pis-aller elle serait pour tout autre mari une bonne ménagère, simple, économe, en même temps qu'une femme modeste, sensée et agréable.

Pourquoi, par exemple, ne donnerait-on pas un peu cette tendance à l'éducation de la maison de Saint-Denis, où sont élevées par l'État les filles des légionnaires ?

VI

ORAISON FUNÈBRE DU CARNAVAL

A Alphonse Lebâtard.

Eh là-bas! mon cher Alphonse, te souvient-il encore du carnaval? il me semble bien que nous avons assisté à la fin du carnaval en France.

A moins que sur ce point, comme sur tant d'autres, il ne nous arrive déjà ce qui est arrivé à ceux qui nous ont précédés :

On blâme la frisure quand on n'a plus de cheveux, et on médit des pommes quand on n'a plus de dents.

Le carnaval du temps de notre jeunesse était-il réellement une chose très-amusante en elle-même, ou le plaisir que nous y trouvions venait-il seulement de notre jeunesse?

Age heureux, riche et puissant, où les fruits des

haies et l'amour de la première venue ont tant de saveur ; où l'on fait de si bons dîners avec les côtelettes à la sauce du *chaircuitier* du coin ; où l'on écrit tant de vers, où l'on éprouve de si nobles et de si généreux sentiments pour des créatures qui n'en comprennent pas un mot, — grâce à l'appétit de l'estomac et l'appétit du cœur, grâce à la jeunesse !

En tout cas, si nous nous sommes amusés du carnaval, nous avons eu parfaitement raison de nous amuser.

J'espère que toi et moi nous éviterons de faire un crime à nos successeurs des plaisirs qui nous échappent ; j'espère surtout que nous ne deviendrons jamais assez bêtes pour nous faire un crime à nous-mêmes de les avoir goûtés.

Si je me sentais disposé à accuser la génération qui nous suit de légèreté, de frivolité, d'amour des plaisirs et surtout d'amour de l'amour, je me mordrais soigneusement les lèvres pour emprisonner ma langue, et je reconnaîtrais tristement :

> Et cet âge envieux où naît l'austérité,
> Où l'on fait la sagesse avec l'infirmité,

Et le radotage, cette fleur jaune qui fleurit sur les

ruines, comme la giroflée. Mais quand j'ai à reprocher à la jeunesse de n'être pas assez jeune et de n'avoir pas *ce trop* sans lequel on n'a pas assez plus tard,

Amo in adolescente quod re secari possit,

je n'ai plus la même défiance de moi-même. Peut-être cependant est-ce le radotage sous une autre forme, le radotage de Nestor et celui d'Evandre, le radotage déguisé, le radotage en domino et avec un faux nez. Cela nous ramène au carnaval.

Autrefois les gouvernements faisaient une sottise : ils s'attribuaient tout ce qui arrivait de bien à *leur* peuple, soit par hasard, soit malgré eux.

Ils exigeaient de la reconnaissance à cause de la pluie et à cause du soleil. Si les épis jaunes et lourds tombaient sous la faucille, si la vigne se chargeait de pampres et de grappes, les gouvernements de ce temps-là le publiaient avec emphase, et les plus modestes baissaient les yeux.

C'était un mensonge, mais ce n'est pas là l'inconvénient. Le mensonge n'est mauvais pour celui qui le fait que quand on ne le croit pas, et les gouvernements, auxquels on ne pouvait répondre tout haut, croyaient toujours qu'on les croyait.

L'inconvénient était que, lorsqu'il ne pleuvait pas ou qu'il pleuvait à contre-temps, lorsque les coteaux ou les plaines restaient infertiles, on accusait les gouvernements et l'on s'en prenait à eux.

Injustice criante, si ce n'avait été une juste représaille.

Alors les gouvernements étaient obligés, pour parer à cet inconvénient, d'avoir des gens à eux qui soutenaient, envers et contre tous, qu'il pleuvait quand il fallait de la pluie, — et plaidaient, le parapluie à la main, qu'il faisait le plus beau soleil du monde, quand il fallait du soleil.

Les gouvernements de ce temps-là avaient une autre imprudence lorsque vers l'époque de carnaval il faisait une belle gelée et quelques pâles rayons de soleil, — lorsqu'il plaisait à beaucoup de leurs sujets de se peindre le visage en rouge ou en bleu, et de s'enivrer du plaisir que l'on goûte à entendre les hordes de gamins crier à la chie-en-lit quand on est sûr que l'on est la cause et le but de ces cris; — les gouvernements de ce temps-là annonçaient que c'était un signe de grande prospérité et s'en enorgueillissaient. De là à payer des gens pour se déguiser et d'autres pour crier à la chie-en-lit, il n'y avait qu'un pas, et les chroniqueurs prétendent que sous certains gouvernements, à certaines époques, on servait sur les boulevards de Paris de la félicité publique, sophistiquée et à faux poids.

En remontant un peu, on sait que la grande Catherine, visitant ses États, trouvait de temps en temps, dans des endroits où les historiens, les géographes et les statisticiens ne connaissaient que des déserts ou des bourgades misérables, — de beaux petits hameaux tout neufs, peints et vernissés avec des troupes de paysans joufflus et bien vêtus qui dansaient joyeusement comme des paysans d'opéra-comique.

A l'aspect de l'impératrice, ils se prosternaient sans se relever jusqu'à ce que la voiture eût disparu.

Puis, en grande hâte, par les soins de Potemkin, on ramassait, on démontait, on repliait proprement les maisons, on emballait les paysans, et, par des chemins de traverse, on allait, à quelques lieues plus loin, remonter, reconstruire et replanter le hameau devant lequel les mêmes paysans recommençaient à danser et à se prosterner.

Ce qui fit que Catherine le Grand, comme l'appelait Voltaire, rentra chez elle aussi enchantée que surprise de la prospérité de ses États et du bonheur de ses sujets.

En remontant encore un peu, on se rappelle Shahabaam qui dit à ses sujets : « Or çà, que tout le monde s'amuse; ceux qui ne s'amuseront pas seront empalés. »

Par une pente invincible, tout despotisme arrive à Shahabaam.

Si l'on voit aujourd'hui beaucoup moins de masques dans les rues de Paris, ce n'est pas que l'on se déguise moins, c'est parce que, au contraire, trente bals masqués ouvrent toutes les nuits leurs gueules à deux battants.

Cependant, malgré la multitude de gens qui se déguisent, il n'en est pas moins vrai que le carnaval n'existe plus, et cela parce qu'il n'a plus aucune raison d'être.

Ces nombreux bals déguisés où les hommes ne mettent pas de masques et où les femmes ont les leurs dans leur poche, ne sont que des bals parés, où tout le monde adopte un seul et même déguisement, où chacun se déguise en quelqu'un de riche.

Le carnaval a sa raison d'être lorsque les rangs, les castes, les professions sont fixés et distingués par le costume.

On comprend les saturnales des Romains. Les esclaves se déguisaient en maîtres et les maîtres en esclaves, parce que les esclaves et les maîtres savaient bien qu'ils reprendraient le lendemain leur véritable figure.

On comprend le petit bourgeois se déguisant le mardi gras en marquis, lorsque le petit bourgeois savait qu'il n'avait aucun autre moyen de devenir marquis ni aucun autre jour pour l'être.

On comprend l'artisan s'affublant d'un costume de chevalier, lorsqu'il n'était permis qu'à un membre de la noblesse d'aspirer à être officier dans l'*armée du roi*.

On comprend la grisette se costumant en duchesse, lorsqu'elle savait positivement qu'elle ne pouvait être faite duchesse que par elle-même, et pour vingt-quatre heures.

On comprend l'ouvrier se déguisant en prince à tunique abricot, avec des crevés bleu de ciel, lorsqu'il était condamné à porter le reste de l'année sa veste de travail.

Mais, aujourd'hui, des causes diverses ayant produit de bons et de mauvais résultats, tout cela est changé.

Le petit bourgeois, l'employé à 1,500 fr. se déguise toute la vie en marquis, — il s'habille comme lui au moins une fois par semaine.

On a vu de notre temps des épiciers et des bonnetiers devenir sinon marquis, du moins comtes et barons.

Les costumes de chevaliers et de guerriers à casques dorés sont abandonnés depuis qu'une grande partie de nos illustrations militaires de l'autre révolution et de l'autre empire sont sorties des boutiques d'artisans, et depuis surtout que les bourgeois s'habillent en garde national.

Pourquoi une grisette ou une comédienne se déguiserait-elle en duchesse au carnaval? — Un peu de patience, un peu d'adresse, un peu de notoriété au bal Mabille, et elle épousera peut-être un vrai duc. — Ces alliances ne sont pas rares aujourd'hui. — D'ailleurs elle s'habille déjà comme les grandes dames.

L'ouvrier, comme l'employé à 1,500 fr., met des bottes vernies et un paletot de drap fin ; il se déguise en prince d'aujourd'hui, en prince vivant, cinquante-deux fois par an ; qu'a-t-il besoin de se déguiser une fois en prince de fantaisie, en prince de contes de fées, en prince de pendule?

Grâce à « l'égalité de dépenses » qui règne aujourd'hui, tout le monde est sans cesse déguisé, — carnaval coûteux, dangereux, laborieux, très-sérieux et très-triste.

Le masque n'existe de droit que lorsque les mœurs renferment chacun dans sa sphère, comme l'apologue ne vit que sous les gouvernements absolus. M. Viennet a le tort d'écrire encore des fables très-spirituelles, mais M. Belmontet n'en fait pas : il peut tout dire, et il en use largement.

Le masque aurait pu subsister encore au bal de l'Opéra. Le bal de l'Opéra était pour nous le carnaval, car nous n'avons ni l'un ni l'autre pris jamais aucune part aux danses frénétiques, aux plaisirs épileptiques du Jardin Mabille ou du Château-Rouge. J'avouerai même que je n'ai jamais vu ni l'un ni l'autre de ces deux jardins de délices. Mais je crois bien avoir rencontré leurs initiés et leurs habitués au bal de l'Opéra la dernière fois que j'y suis allé.

Sans cette invasion, le bal de l'Opéra aurait été un asile éternel pour le masque.

Mais cette invasion a tué le bal de l'Opéra. Développons quelque peu ces deux propositions :

La première est que le bal de l'Opéra, sans l'invasion des habitués de Mabille et du Château-Rouge, aurait été un asile éternel pour le masque.

Si les conditions sociales se sont fort mêlées, les conditions humaines n'ont pas changé ; la situation de la femme vis-à-vis de l'homme est toujours la même. C'est pour la monotonie et l'ennui de cette situation que le bal de l'Opéra offrait des saturnales, — c'est-à-dire que la femme, dans la vie, doit attendre qu'on l'invite à l'amour, comme, dans le salon, elle attend qu'on l'invite à la danse.

La femme, qui ne peut choisir qu'entre ceux qui l'ont préalablement choisie;

Qui ne peut être choisie que parmi le petit nombre qui se trouve dans un certain cercle;—la femme, ce jour-là, abandonnait son rôle, masquait son visage pour pouvoir démasquer son esprit et son cœur; choisissait avant d'être choisie, choisissait hors du cercle de ses relations, et parlait une bonne fois à langue abattue.

Car les femmes seules se déguisaient, les hommes ne pouvaient que se parer et devaient attendre, à cause du masque des femmes, comme ailleurs les femmes, à cause de l'usage, qu'on les choisît du moins pour causer.

Cette interversion des rôles avait également son côté piquant pour les hommes, en ce que leur vanité y était chatouillée d'une manière nouvelle et à des endroits d'ordinaire inchatouillés.

Certes, il se glissait bien par-ci par-là quelques Phrynés, mais, comme les hommes savaient qu'ils avaient beaucoup de chances de rencontrer des femmes du monde, au risque d'offenser les Phrynés, ils restaient dans les limites d'une familiarité polie et respectueuse.

La morale officielle a dérangé tout cela il y a déjà une quinzaine d'années.

Cette morale, qui a pour unique procédé de boucher les égouts, sans se préoccuper des sources ni des ruisseaux, a dans son dossier, entre autres mesures, d'avoir défendu aux Phrynés de paraître en toilettes bizarres dans certains endroits fixes.

Alors, nous avons vu naître la lorette que l'on rencontre partout habillée comme les plus honnêtes femmes du monde.

Les femmes du monde auraient pu vaincre : et, pour cela, il fallait ne pas lutter.

Il fallait afficher la simplicité, du moins dans la rue et dans les endroits publics.

Les lorettes n'ont pas le moyen d'être simples : le luxe est leur livrée.

Mais les femmes du monde ont voulu lutter de luxe; elles qui ne peuvent ruiner qu'un homme, elles ont prétendu lutter de robes chères avec des rivales qui ruinent tout le monde.

Elles ont voulu mettre la ceinture dorée, de sorte que les lorettes se déguisant en femmes du monde, de par la morale officielle, et les femmes du monde se déguisant en lorettes, de par leur propre volonté, il est fort difficile de s'y reconnaître.

Les lorettes, auxquelles les femmes du monde ont voulu disputer la rue en s'y montrant en jupes magnifiques, se sont vengées en portant la guerre sur les frontières de leurs ennemies et un peu au delà.

Elles ont envahi les théâtres, les promenades; elles ont pris possession du bal de l'Opéra. Là elles ont tout renversé. Leur visage démasqué, elles ont démasqué leurs épaules; elles ne cachent plus que leurs masques. Il serait plus franc que l'administration les reçût en dépôt au bureau des cannes.

On ne peut rester masquée: on n'aurait qu'à faire illusion et à être prises pour des femmes comme il faut par quelques béjaunes qui n'oseraient pas offrir un souper!

Quelques dominos émaillent encore le bal, — quelques masques s'opiniâtrent comme le coucou obstiné de la rue Saint-Denis. — Mais on croit généralement que celles qui sont masquées ont une figure plus laide que leurs masques; — que celles qui sont vêtues sont maigres ou difformes.

On prétend, il est vrai, que sous deux ou trois de ces dominos se cachent des femmes du monde, — mais c'est un quine auquel personne ne met, — et, comme il est convenu qu'il faut obéir aux majorités, on aime mieux choquer un peu une femme du monde par hasard égarée là, que d'ennuyer mille lorettes et de paraître accessoirement un nigaud. — Aussi, le langage et les manières achèveront de choquer les femmes du monde qui vont encore à l'Opéra, — si tant est qu'il y en aille encore.

De telle sorte, mon bon Alphonse, que nous pouvons nous persuader ceci :

Que ce plaisir de notre jeunesse s'est évanoui derrière nous au moment où nous le quittions.

Comme dans le beau conte de Gracieuse et Perrinet, quand Gracieuse sort du palais de cristal où elle a refusé d'épouser le beau page vert, elle voit le magnifique palais s'écrouler derrière elle et se briser en mille miettes.

VII

QUELQUES MOTS DU DICTIONNAIRE DE LA LANGUE FÉMININE

Il existe à l'usage des femmes tout un dictionnaire de sous-entendus. Celui qui n'entend pas et qui ne parle pas cette langue doit renoncer au commerce des femmes, — j'entends des vraies femmes, — il est condamné à celles qui appellent un chat un chat, et les sentiments par leur nom. Je ne sais rien d'aussi intéressant qu'une conversation dans cette langue, conversation où ce qui s'est dit n'a aucune valeur, où il ne s'est pas dit un mot de ce qui s'est entendu, et où on a, de part et d'autre, parfaitement entendu tout ce qui ne s'est pas dit.

Voici pour échantillons quelques mots du dictionnaire des femmes, pris au hasard : ce ne sont pas les plus fins, mais il faut indiquer les couleurs avant les nuances.

ÊTRE PROPRE.

Il faut bien être propre. — Une grande probabilité qu'il ne s'agit pas là seulement de savon et de pâte d'amandes, c'est que j'ai entendu une femme faire cette réponse à un mari qui faisait des représentations sur un mémoire de 7,000 francs : « Il faut bien être propre. »

Être comme tout le monde. — Cela veut dire : Avoir des robes, des dentelles, des chapeaux en nombre égal, en magnificence égale à celle des femmes que l'on connaît qui a le plus de robes chères, des dentelles hautes et de chapeaux frais, — et les avoir un peu plus chères, un peu plus hautes et un peu plus frais qu'elle.

NE PAS FAIRE PEUR, ÊTRE A FAIRE PEUR.

Si à cette question : *Je suis à faire peur*, une femme ne répondait pas : « Vous êtes divinement mise; » et un homme : « Je ne vous ai jamais vue plus jolie, » ce serait manquer de politesse. En effet, par cette phrase on demande à la femme un compliment sur sa toilette, à l'homme un compliment sur sa figure. A chacun selon sa capacité.

N'AVOIR PAS UNE ROBE OU UN CHAPEAU A SE METTRE.

Il y a des maris qui répondent sottement à ces paroles : « Je n'ai pas une robe, pas un chapeau à *me* mettre, » par une énumération des jupes et des chapeaux variés qu'ils connaissent à leur femme. C'est qu'ils n'ont pas compris la phrase. « Je n'ai pas une robe, pas un chapeau à *me* mettre, » veut dire qu'il se présente une occasion ou un prétexte d'avoir une robe neuve ou un nouveau chapeau, et qu'on n'en a pas profité : un changement de saison, une fête, un mariage, un deuil, une représentation extraordinaire, une course de chevaux, une étoffe nouvellement arrivée de Lyon, une très-belle robe ou un frais chapeau arborés par une amie.

Il fait si froid qu'il faut bien acheter un robe de velours, — qui commencera au-dessous des épaules.

Il fait si chaud et le soleil est si ardent, qu'il faut bien acheter un chapeau de paille d'Italie,—qui commencera derrière la tête et ne garantira absolument rien.

« Je n'ai pas une robe, je n'ai pas un chapeau à me mettre, » veut dire : « Il y a longtemps que je n'ai acheté une robe neuve, un chapeau neuf. »

Votre femme aurait cent cinquante robes et cent cinquante chapeaux, il ne faudrait pas penser à tirer de là une objection : elle ne serait pas admise, et, de plus, ce n'est pas à ce qu'on vous dit que vous répondriez.

Ce n'est pas seulement pour avoir des robes et des chapeaux qu'on en achète. Il y a dans l'action d'acheter un plaisir particulier pour les femmes. La femme qui achète a par cet acte même un moment de domination.

Une douzaine de femmes sont arrêtées devant les vitres d'un riche magasin d'étoffes. La femme qui entre triomphe d'elles toutes. Ce que les autres regardent, contemplent, admirent, envient, elle veut le prendre, l'avoir à elle, l'emporter, l'*acheter* surtout.

Les femmes font peu d'affaires et manient peu d'argent ; elles sont sous ce rapport, pour la plupart, soumises à leurs maris. C'est « monsieur » qui paye les fournisseurs, les loyers, les gens ; c'est lui qui reçoit l'argent et donne les quittances, etc.

La femme qui entre dans un magasin va acheter elle-même, payer elle-même; si on envoie la note chez elle, c'est elle que l'on demandera, c'est en son nom qu'elle est faite.

Un côté moins puéril est celui-ci : — « Cette femme entre là et va y acheter probablement ce que je désire. Son mari lui donne donc beaucoup d'argent? Son mari est donc bien riche? On l'a donc trouvée plus belle que moi? Est-ce qu'elle est plus belle que moi? »

Il faut s'arrêter quelques instants devant ces trébuchets, ces souricières tendues chaque matin sous le nom de magasins de nouveautés. Il faut voir la démarche, l'attitude et les yeux de la femme qui entre dans le magasin en dérangeant pour passer celles qui regardent aux vitres ; elle a l'air de ne pas les apercevoir; elle marche droit, c'est à elles à se déranger. Il faut voir aussi le regard des femmes dérangées : ce regard qui suit la femme qui entre, commence triste et finit dédaigneux. — Le dédain est un masque qu'on met sur la tristesse.

La femme qui achète domine dans le magasin; elle ordonne, elle se sent obéie, non à cause de sa beauté, elle est un peu blasée sur ce plaisir-là, mais à cause de son argent; c'est un triomphe d'homme.

Beaucoup, par décorum, n'emportent pas dans leur

voiture ce qu'elles ont acheté; c'est un sacrifice assez dur à une convention. Si on a un grand nom, ou un nom illustre, ou un nom célèbre ; si on demeure dans un certain quartier, on donne son adresse de façon à être entendue ; après avoir battu les femmes qui regardaient aux vitres, on bat celles qui sont entrées comme vous, on est victorieuse des victorieuses. Cependant, si on a une voiture à soi, si la livrée est belle, si les panneaux sont armoriés, on peut à la question du commis : « On portera chez madame ? » répondre, sans trop se compromettre : « Non, j'ai ma voiture. »

La femme qui rentre chez elle après avoir *acheté* se sent du plaisir vis-à-vis de sa femme de chambre, vis à vis de sa portière.

En effet, un homme ne tient pas à battre tous les hommes ; il en est beaucoup qui ne peuvent jamais se rencontrer sur son chemin ; il n'est pas en rivalité avec le portier ni avec son valet de chambre.

Mais la femme sait et sent qu'il n'y a d'égalité réelle entre les femmes que celle de la beauté. Une jolie femme de chambre est une femme, et vaut la peine qu'on lui fasse sentir sa supériorité et qu'on se la fasse sentir à soi-même.

Les femmes bien élevées ne se servent jamais, à l'égard des autres femmes, de phrases mal sonnantes. Comme les sauvages, elles lancent des flèches élégantes, empennées des plumes de pourpre, d'azur et d'émeraudes, dont la pointe est empoisonnée.

Elles se servent de compliments vénéneux.

Une femme bien faite, c'est une femme qui a des marques de petite vérole, ou les cheveux rares et mal plantés, ou une bouche trop grande; en un mot, *une femme bien faite* est une femme dont on nie la figure

Une belle personne, c'est une femme qui n'est plus très-jeune, qui a la taille un peu épaisse, qui manque d'élégance, et qui a une grosse gorge placée trop haut.

Si l'on veut pousser cette injure à sa dernière limite et la rendre l'équivalent de grosse femme commune, on dit : *Elle a une belle santé*. Mais cela ne se dit que rarement; c'est un peu trop violent pour être tout à fait de bonne compagnie.

Une femme d'esprit, une femme très-aimable, c'est une femme qui n'est ni jolie ni bien faite.

Une bonne personne, cela veut dire laide et bête.

Une excellente personne est un gros mot que je ne traduirai pas ici.

C'est une inconséquence. On répond « c'est une inconséquence » à une accusation grave portée contre une autre femme. Cela a un triple effet excellent : 1° on paraît indulgente ; 2° on accepte comme vraie l'accusation portée et on ne la nie pas ; 3° cela excite l'accusateur à appuyer un peu pour justifier la sévérité de son jugement.

En effet, supposons que M. G... dise de madame C... qu'elle est fort compromise avec M. B... — Madame D..., amie de madame C..., pourrait répondre : « Mais elle le connaît à peine ; il ne va pas chez elle... C'est une calomnie ! »

Au lieu de cela, elle dit : — « Mon Dieu ! qu'on est méchant ! je n'en crois pas un mot ; je suis sûre qu'il n'y a que des inconséquences. »

M. G... réplique :

« Vous êtes bien bonne d'appeler cela « des inconséquences ! » Moi j'appelle cela... (un gros mot au choix).

Résultat de cette parade qu'on a eu l'air de faire contre le coup porté à une autre femme.

C'est ce qui arriverait si on parait mollement avec un sabre le coup qu'un autre sabre adresserait à un adversaire : le patient recevrait les deux armes sur la tête ; seulement son ennemi un peu irrité donnerait un second coup.

Total, trois coups de sabre.

Vous ne me comprenez pas, cela veut dire : Vous me comprenez trop bien, et vous ne voulez pas croire aux mensonges que j'avais espéré vous faire accepter.

Un homme sans conséquence, c'est un homme auquel on fait faire pour rien tout ce qu'un autre ne ferait que pour tout.

Il est bon de dire aux femmes, — s'il en est quelqu'une qui ne le sache pas, — qu'il n'y a pas d'homme qui soit à ses propres yeux « un homme sans conséquence. »

Donc, l'homme dont vous usez et abusez sous prétexte que vous l'avez déclaré « sans conséquence » n'a pas accepté la convention que vous lui imposeriez les corvées, les ennuis, les sacrifices même, et que vous ne lui devriez rien pour cela; qu'il ferait les corvées pour l'amour des corvées, qu'il subirait les ennuis pour le charme des ennuis, qu'il ferait au besoin les sacrifices parce qu'il aimerait à se sacrifier.

Cet homme espère parfaitement être payé, croit être payé, et se trouve indignement volé quand son espérance est trompée.

Dans cette situation, vous prétendez qu'on vous donne pour rien ce que vous achetez à crédit avec l'intention de ne pas le payer. C'est, il me semble, une nuance assez tranchée. Les coquettes appellent « rester honnêtes » ne pas payer comptant, mais faire des billets et renier leur signature lorsqu'en vient l'échéance.

VIII

OU L'ON EXPLIQUE COMMENT
LES PIERRERIES VONT REDEVENIR DES PIERRES

HISTOIRE DU PROFESSEUR HENRY WALSTEIN

Le quinzième jour du mois d'août le professeur Henry Walstein sortit un peu avant le jour et se dirigea vers les portes de la ville de Zweibrücken pour gagner un certain point de la rivière où il savait devoir trouver des *vergiss-mein-nicht* — jolie petite fleur bleue très-aimée des Allemands, et dont le nom veut dire : « Ne m'oubliez pas. »

Le quinzième jour d'août est la fête de Marie, et le professeur Henry avait deux *Marie* à fêter, sa sœur et sa fiancée.

Les deux Marie étaient cousines et avaient été élevées ensemble. — Jusque-là elles avaient marché côte à côte dans le même sentier ; — mais elles allaient

bientôt être séparées, — toutes deux allaient se marier.
— Marie, la sœur de Henry, que l'on appelait Marie-Anne, pour la distinguer de sa cousine, allait épouser le comte Maximilien d'Eisenach ; tandis que Marie, devenant la femme de Henry, restait dans la maison.

Toutes les deux avaient l'habitude de s'habiller de la même façon, — et Henry voulait que ce jour-là, le jour de leur fête commune, elles eussent chacune un bouquet de roses et une couronne de vergiss-mein-nicht.

Quand il eut fait sa récolte, il rentra en ville et chez lui, et prépara deux corbeilles semblables d'un osier fin admirablement tressé ; — il emplit les deux corbeilles de boutons de roses et de fleurs bleues, — et les fit porter aux deux Marie, — avec un billet à sa sœur, dans lequel il expliquait son désir : — Mes chères Marie, disait-il, c'est peut-être la dernière fois que vous aurez des parures semblables. — Marie-Anne, qui va vivre à Munich et dans le monde, ne nous viendra voir que de temps en temps. — Mettez tout le jour un bouton de rose dans vos cheveux et un à votre ceinture, et réservez pour le soir les couronnes de vergiss-mein-nicht. — Nous garderons à la maison la couronne desséchée de Marie-Anne.

Dans la corbeille de Marie, il avait caché des vers

qu'il avait faits pendant la nuit, et dont vous vous contenterez bien de connaître les derniers, les seuls que je me rappelle :

> O chère fleur ! je t'aime. — Ta corolle,
> Aux tristes jours doublement assombris
> Et par l'absence et par les brouillards gris,
> De mes soleils obscurcis me console ;
> Car je retrouve en tes pétales bleus
> L'azur du ciel et l'azur de ses yeux.

Puis, quand vint l'heure du déjeuner il descendit au jardin.

Le couvert était mis sous la tonnelle de chèvrefeuille; mais les jeunes filles n'étaient pas encore descendues. Les vieux parents avaient l'habitude de déjeuner dans leur chambre.

Enfin, Marie et Marie-Anne parurent. — Henry leur exprima à toutes deux ses sentiments, ses espérances et ses vœux.

Elles n'avaient ni l'une ni l'autre de roses à la ceinture ni dans les cheveux.

Henry s'en aperçut et dit :

— N'avez-vous pas reçu mes corbeilles ce matin?

— Oui, certes, dit Marie-Anne d'un air distrait, — ton bouquet de fête.

— Des roses et des vergiss-mein-nicht, — dit Marie en rougissant de la préoccupation qui le lui avait fait oublier.

— Et le billet adressé à Marie-Anne?

— Ah! c'est vrai, — il y avait un billet, — dit la sœur de Henry; — il est encore dans ma poche. Nous ne l'avons pas lu. — Le voici.

Et Marie-Anne lut le billet à haute voix. Puis elle dit : — Mille pardons, cher frère.

Marie s'était échappée et revint avec quatre boutons de rose. — Elle en avait déjà placé un dans ses cheveux et un autre à sa ceinture; — elle plaça elle-même les deux autres à la ceinture et dans les cheveux de Marie-Anne. — Mon bon Henry, dit celle-ci, il faut que je te dise la cause de notre oubli. — Le comte d'Eisenach m'a envoyé ce matin un collier, des boucles d'oreilles et des épingles à cheveux en turquoises.

Et, tout en déjeunant, elle continua : Tu sais comme sont les filles, nous avons examiné, retourné, admiré ces bijoux jusqu'à ce qu'on vînt nous avertir que le déjeuner était servi. — Mais, sois tranquille, les fleurs ont leur prix, — et ton modeste présent ne nous trouve pas ingrates.

— Comment, modeste présent! s'écria Henry. —Et

où vois-tu que les fleurs soient un modeste present? — Mais c'est ce qu'il y a de plus beau, de plus splendide, de plus riche au monde. Les Grecs les appelaient « la fête de la vue. »

— Oh! cher professeur, dit Marie-Anne, — tu n'as pas besoin des leçons des Grecs pour nous faire aimer les fleurs.

Mais cependant il ne faut pas être injuste pour les autres belles choses. — Regarde.

Et elle tira de sa poche un écrin qu'elle ouvrit et dans lequel brillaient le collier, les pendants d'oreilles et les épingles à cheveux.

Henry regarda Marie; il vit les yeux de la jeune fille fixés sur les bijoux. — Mais elle s'aperçut qu'il la regardait; alors, elle prit la rose de sa ceinture et la posa sur ses lèvres.

— Ah! parbleu, s'écria Henry, — l'artiste qui a monté ces pierres était un homme passablement raisonnable; — il a précisément cherché à imiter les vergiss-mein-nicht dont je vous ai cueilli ce matin de pleines corbeilles.

Mais comme il a dû reconnaître l'infériorité de son ouvrage!

Les petits diamants qu'il a mis aux cœurs des fleurs bleues ne sont pas aussi harmonieux que le sont dans la nature leurs étamines jaunes, et la couleur fauve de l'or ne peut se comparer au vert vif et vigoureux des tiges et des feuilles de la plante. Et puis c'est roide, c'est lourd, c'est inerte, — tandis que la fleur est vivante. — L'orfévre n'a pas osé imiter la fleur légèrement teintée de rose au moment où elle s'épanouit.

— Eh quoi! dit Marie-Anne, tu ne trouves pas ce cadeau charmant?

— Oui, mais très-au-dessous du mien.

— Le tien, dit Marie, est plus cher à mon cœur que le seraient les plus gros diamants.

— Ah! quel malheur! — Chère Marie, voilà que tu n'as pas répondu ce qu'il fallait répondre.

Tu crois que je vais te savoir beaucoup de gré de ce que ta tendresse estime plus une bagatelle venant de moi qu'un trésor venant d'un autre?

Je puis être content de ton cœur, ma belle fiancée, mais je ne le suis ni de ton goût ni de ton jugement.

A part la considération que les diamants et les turquoises coûtent plus cher que mes petites fleurs bleues, — l'avantage demeure incontestablement à celles-ci.

Et mes roses donc, — avec leur enivrante odeur, — leur âme!

Sais-tu ce que c'est que le diamant? — Pour nous autres chimistes, c'est du *carbone*, du charbon cristallisé ; — les turquoises sont des ossements fossiles.

La chimie, — la science, qui appelle un chat un chat, — enlève aux pierres dites précieuses leurs noms sonores, et leur en donne qui expriment les combinaisons auxquelles elles sont dues.

Le rubis est de l'alumine.

L'émeraude, silicate de glucyne et d'alumine, coloré par l'oxyde de chrôme.

La turquoise, phosphate alumineux, coloré par l'oxyde de cuivre.

L'algue-marine est la même substance que l'émeraude, mais colorée par de l'oxyde de fer au lieu de l'être par de l'oxyde de chrôme, etc.

Je comprenais, au besoin, le culte que les anciens avaient pour les pierreries, quand ils leur attribuaient des facultés merveilleuses, — lorsqu'ils croyaient que le vin bu dans une coupe d'améthyste n'enivrait jamais ; — l'opale conciliait à son possesseur la bienveillance universelle, — l'émeraude sauvegardait la vertu des femmes, — le diamant vous préservait de tout venin, etc.

Mais aujourd'hui qu'on ne croit plus à tout cela, — les roses du rosier qu'on a cultivé, — du rosier qui semble nous les donner chaque printemps, avec leur parfum, — ne sont-elles pas plus charmantes que le rubis sans âme cueilli dans la boutique du lapidaire?

Henry s'arrêta, — car le comte Maximilien entrait, — et, d'ailleurs, il s'apercevait que les deux jeunes filles écoutaient la plaidoirie contre les pierres d'un air distrait, — qu'elles subissaient la philippique comme on subit une averse.

Maximilien d'Eisenach avait la physionomie sèche et peu agréable; — il était plus âgé de vingt ans que Marie-Anne, et jusque-là, si elle l'avait accepté pour époux, ç'avait été avec quelque froideur qu'elle avait reçu ses hommages.

Mais elle l'accueillit avec un visage rayonnant; certes, il se put croire aimé ce jour-là, surtout quand, dans la suite de la conversation, elle l'appela Max, par une abréviation familière et amicale de son nom.

Henry la regarda avec un étonnement douloureux; mais lorsqu'il crut voir que Marie elle-même semblait pour lui plus bienveillante que de coutume, il se retira dans sa chambre, où il fit des épigrammes contre les femmes et contre les diamants. — En voici une :

> L'histoire ment beaucoup, — et ses sanglants trophées,
> Ses crimes impunis, n'ont rien de gracieux.
> Mais pour lire du vrai, du vrai pas ennuyeux,
> Parlez-moi de romans et de contes de fées!
> Celui qui met Gygès, son anneau merveilleux,

Au nombre des récits faux et des contes bleus,
Je le sais maintenant, — et se trompe et divague;
Des exemples fréquents on dessillé mes yeux.
Si vous êtes méchant, stupide, laid et vieux,
Mettez à votre index, un beau soir, une bague
Avec un diamant valant deux mille écus.
Tant qu'en la main fermée on gardera la pierre,
On est laid, bête et vieux; — mais tournez-la dessus,
Le diamant paraît et de ses feux éclaire
Vos charmes ignorés, vos modestes vertus,
Vous étiez bête et laid, mais vous ne l'êtes plus !
Dites n'importe quoi, les femmes applaudissent,
Et, sous votre œil vainqueur, s'émeuvent et frémissent.
D'autre part, soyez beau, brave, rempli d'esprit ;
Si vous voulez parfois devenir invisible,
La recette en est simple et surtout infaillible :
Mettez sur votre tête un vieux chapeau meurtri,
Chauve, rougi, cassé, — vous pourrez dans la rue,
Circuler sans qu'aucun vous voie et vous salue.

Comme il recopiait son épigramme, on frappa deux petits coups discrets à la porte de sa chambre, et Marie-Anne y entra.

« Mon cher Henry, dit-elle, que penserais-tu si tu apprenais qu'un parent de notre chère Marie lui a envoyé un bouquet de géraniums, et exige qu'elle les mette dans ses cheveux ce soir ?

— Non-seulement je penserais, mais je dirais tout haut que Marie, ma fiancée, n'est plus à..... Ah ! je comprends, tu as raison ; — il faut que le frère s'efface devant le fiancé; — tu ne mettras pas ce soir ma couronne de vergiss-mein-nicht; tes cheveux appartiennent aux diamants et aux turquoises de monsieur le comte d'Eisenach. — C'est vrai, c'est juste, mais c'est triste. — Je ne songeais qu'au bonheur qui entre dans cette maison, et point à celui qui en sort. Le bonheur qui sort est un bonheur certain et éprouvé. Que sera celui qui entre?

—Es-tu fou, Henry?—Ne connais-tu pas Marie comme tu me connais moi-même? Mais qu'as-tu aujourd'hui?

— Rien.

—C'est-à-dire quelque chose que tu ne veux pas dire.

—Tiens, voici quelques vers que je viens de faire.
Marie-Anne lut les vers et dit en souriant:

—Ah! c'est encore l'affaire des turquoises!

— Eh bien! oui, — je maudis ces sottes pierres, — elles sont cause que j'ai été mécontent de Marie, et peut-être injuste pour vous deux. — J'ai tort, — vous êtes ainsi faites, ces babioles brillantes seront toujours un hameçon pour vos cœurs. — Vous ne saurez jamais apprécier ce qui est vraiment beau, vraiment grand. — Vous...

—Crois-tu être plus juste maintenant?

—Dis-moi la vérité.— Crois-tu que Marie ait été aussi heureuse de mes fleurs bleues, qu'elle l'aurait été si je lui avais envoyé en place — la plate imitation en pierres de couleur que t'a envoyée le comte d'Eisenach?

MARIE-ANNE.

Il faut songer à la nouveauté de ces pierreries, pour nous qui avons toujours vécu au milieu des fleurs; aux paroles et aux impressions des autres femmes qui parlent sans cesse et avec envie et avec admiration des beaux bijoux et des pierres précieuses.

HENRY.

Cependant, voici ce que le comte d'Eisenach et moi avons fait. — Il a dit à son valet de chambre : — Dites au joaillier de m'apporter quelques colliers. Le joaillier est venu, a ouvert ses écrins, et le comte en a choisi un qu'il t'a envoyé. — Moi, j'ai cherché pendant quatre jours mes fleurs bleues au bord de la rivière, et ce matin, avant le jour, je suis allé les cueillir; — il me semble que, comme marque de tendresse, son bouquet ne vaut pas le mien : — c'est donc la valeur en argent qui lui donne l'avantage. — Eh bien! c'est un sentiment bas que je suis triste de vous voir à tous deux

MARIE-ANNE.

On m'appelle. — Cause avec Marie ce soir. — Elle t'aime ; — tu lui persuaderas tout ce que tu voudras. — Mais ne t'amuse pas à lui prouver quelque chose, — c'est inutile ; — et surtout, ne gâte pas le bonheur de quatre personnes par ta mine renfrognée.

Marie-Anne embrassa son frère et descendit. — Le soir, il sembla à Henry que Marie, charmante avec sa couronne de myosotis, jetait parfois un regard triste et oblique sur les bijoux de Marie-Anne.

Il lui sembla qu'elle accueillait froidement ses éloges sur sa beauté et sur sa coiffure.

On parla de l'avenir. Marie dit: « Tu ne me verras pas souvent à la ville, Marie-Anne ; mais tu causeras une grande joie ici, quand tu y viendras. »

Il sembla à Henry que cela voulait dire : « Moi qui n'ai pas de diamants, moi qui vais vivre dans une triste simplicité, etc. »

Il se retira de bonne heure. — Seul dans sa chambre, il resta longtemps accoudé sur une table, et la tête dans les deux mains, entre lesquelles coulèrent quelques larmes ; — puis il se leva, marcha convulsivement, — se rassit, et dit : « C'est décidé. » Il écrivit : « Je m'étais trompé ; la femme est un oiseau qui ne vit que dans les cages d'or. — Je pars ; je vais chercher une occasion de devenir riche. — Si Marie veut m'attendre, j'apporterai à ses pieds quelque jour le fruit de mes travaux.

» Si elle n'a pas foi dans l'avenir, je lui pardonne d'avance... de ne pas m'attendre.

» J'embrasse nos deux chères Marie, qui n'ont guère été à moi aujourd'hui, — je les charge de consoler mes parents qui, du reste, sont accoutumés à mes absences. Adieu. »

Puis il remplit une valise de tout ce qui lui était nécessaire pour le voyage, — puis il écouta, — la maison était devenue silencieuse.

— Dans une heure, dit-il, je partirai ; je reviendrai avec des diamants pour Marie, ou je ne reviendrai jamais.

On frappa à la porte, — il se troubla, — poussa la valise du pied, — et ouvrit.

C'étaient les deux Marie. — Tout le monde dormait ; — Marie-Anne s'était coiffée avec les vergiss-mein-nicht, et toutes deux encore une fois semblables, — toutes deux ensemble venaient souhaiter leur fête à Henry, dont la tristesse ne leur avait pas échappé. — Leurs regards ne tardèrent pas à découvrir un dérangement insolite dans la chambre. — Qu'est ceci ?

dit Marie-Anne. Pourquoi cette valise? Où vas-tu?

— O Marie-Anne, Marie-Anne! s'écria Marie en fondant en larmes, — tiens, lis cette lettre... Voilà ce qu'il nous laissait. Il partait, il nous abandonnait.

On gronda convenablement Henry. — On pleura, on s'embrassa. — Les deux filles ouvrirent la valise et remirent tout en place.

On se sépara fort tard. Marie-Anne dit : — Que Marie ait demain les yeux rouges et battus, cela ne regarde que toi, tu ne pourras t'en prendre à personne; mais moi je dois compte de « mes beaux yeux » à Maximilien. — Viens nous coucher, Marie, — et laissons Henry à ses remords.

Un mois après, — le même jour, — au même autel, on bénit l'union de Marie-Anne avec Maximilien d'Eisenach, — et de Marie avec Henry Walstein.

Le comte d'Eisenach avait fait faire présent à Marie, par Marie-Anne devenue sa femme, d'un écrin pareil au sien. — Mais Marie n'avait pas oublié le chagrin d'Henry, et elle ne se parait pas des bijoux.

Un jour, cependant, Henry rentra à l'improviste, — et il trouva Marie debout devant une glace : — le collier, les pendants d'oreilles et les épingles à cheveux en diamants et turquoises lui composaient une parure qu'elle contemplait avec complaisance.

Elle était si bien absorbée par l'admiration qu'elle n'entendit pas son mari, lequel du reste demeura immobile, la regarda un instant, puis se retira sans bruit dans son cabinet.

Là il se tint à lui-même le discours suivant :

— On a dit quelquefois la vérité aux rois, — il est juste de dire qu'il ne l'ont pas écoutée, et qu'ils ont, en général, joué des mauvais tours à ceux qui la leur avaient dite ; — cependant il se trouve de temps en temps des gens pour la leur dire encore.

On dit de temps en temps la vérité aux femmes ; il est vrai qu'elles trouvent cela grossier. — Mais enfin on la leur dit.

Je n'ai pas d'opinion bien arrêtée sur les rois, attendu que je n'en ai jamais vu, mais il me semble qu'ils doivent être des ennemis assez incommodes.

Je sais que j'ai grand'peur de la mauvaise humeur des femmes.

Eh bien, je vais faire quelque chose de plus hardi sans doute, puisque c'est plus rare, — je vais me dire la vérité à moi-même.

Je suis un injuste et un sot animal.

Je suis un tyran et un niais.

Je suis un loup qui exige qu'une mésange mange

du mouton, et lui reproche amèrement de préférer le séneçon et le chènevis.

Entre les hommes nourris de la moelle des lions, c'est-à-dire de la lecture des grands poëtes de tous les pays et de tous les temps, — ayant vu les beaux tableaux et les belles statues, savants en histoire naturelle, — il y en a quelques-uns qui, comme moi, préfèrent les roses aux rubis, — la rosée aux diamants, — les violettes aux améthystes. — la giroflée des murailles aux topazes.

Le nombre en effet est restreint de ceux que le souverain créateur convie aux fêtes de la nature, — de ceux auxquels il donne la connaissance du beau.

Et je veux qu'une femme dont l'instruction a été négligée, — à laquelle, depuis qu'elle a atteint l'âge de quinze ans, on n'a jamais dit que des sottises, — qui voit les autres femmes avoir un culte religieux pour les pierres ; je veux qu'elle ait pour ces mêmes pierreries, pour ces joujoux coûteux, un dédain, je ne dirai pas de poëte ou de philosophe, — car on a vu des poëtes et des philosophes ne dire du mal des grandeurs et des richesses que pour les acheter du prix de leurs invectives, — mais un dédain de chimiste qui pénètre dans le grand atelier de la nature, au milieu de ses lentes et sublimes opérations. Je suis un méchant et un insensé. — Il faut donner du séneçon à ma jolie mésange. N'ai-je pas d'ailleurs mes joujoux coûteux, ces livres rares, — ces Elzevirs, — par exemple? — Ne puis-je lire Ovide dans un volume de deux francs aussi bien que dans cet exemplaire qui en vaut cent?

Il faut sacrifier mes joujoux — et conquérir quelques-unes de ces pierres méprisables en elles-mêmes, mais réellement précieuses, parce qu'elles peuvent rendre Marie heureuse.

A quelques jours de là il dit à Marie :

— Il y a une fête et un bal chez le conseiller Krumphollz. J'ai reçu une invitation. — Veux-tu y aller?

Un éclair passa dans les yeux de Marie, — puis elle répondit tristement :

— Non, mon ami.

— Pourquoi? — Ta sœur y sera.

— Je n'aime pas le monde.

— Tu aimes la musique et la danse ; — c'est tout ce qu'il y a de réel dans un bal.

— J'ai renoncé à tout cela, mon ami : la simplicité... heureuse de notre vie... nos habitudes de retraite... Je n'ai rien de ce qu'il faut pour aller dans le monde.

— Que te manque-t-il?

— Un homme ne peut comprendre cela, — et toi moins que les autres. — Il me manque tout.

—Tu as huit jours devant toi;—voici une bourse dans laquelle il y a dix louis, achète tout ce que tu voudras.

— Mon ami, je t'assure que je ne souffre pas de ne pas aller dans le monde, — je me suis accoutumée à la vie que nous menons, —, elle me rend parfaitement heureuse... Ne me mène pas chez le conseiller.

— Cela veut dire que tu n'as pas assez de dix louis? — en voici dix autres.

— Ce serait une folie, — pour aller une fois au bal.

— Nous irons plusieurs fois... A propos, tu mettras les turquoises que t'a données ma sœur.

— Non, tu ne les aimes pas.

— J'avais tort, elles sont fort jolies ; — c'est parce que je ne te les avais pas données que je ne les aimais pas, — mais voici un bracelet qui ira très-bien avec le collier et les pendants d'oreille. — Veux-tu maintenant venir à ce bal ?

— Oui... j'y avais renoncé... sans chagrin ; mais puisque, grâce à toi, je vais y être... comme tout le monde... »

Diable, — pensa Henry, — moi qui la trouvais la plus charmante des femmes, telle qu'elle était, voici que je viens de dépenser six cents francs pour qu'elle soit... comme tout le monde. — Mes pauvres Elzevirs, — c'est moi qui lirai maintenant mes vieux amis...

comme tout le monde... dans des exemplaires incorrects, mal imprimés, etc.

N'importe, — Marie est si heureuse!

Le jour du bal, Marie était ravissante de beauté ; — les petites pierres bleues lui allaient on ne peut mieux ; — en réalité elles augmentaient indirectement sa beauté, par l'air mutin que donnait à son teint et à ses yeux la conscience de sa beauté, qu'elle attribuait bien plus à ses quelques petits bijoux et à sa toilette qu'aux dons précieux qu'elle avait reçus de la nature.

Elle entra triomphante dans le salon, et sa vue causa un moment d'admiration, — qu'elle continua à attribuer à sa jupe et à son collier. Ah, se dit Henry, mes Elzevirs ne m'ont jamais fait tant de plaisir. — D'ailleurs qui m'empêche de me réciter les beaux vers de mes vieux amis en ayant les yeux fixés sur ce beau visage, au lieu de les tenir sur des pages imprimées, par exemple? Lorsqu'il vit les deux Marie s'aborder, — toutes deux fraîches et roses, toutes deux blondes, ayant d'ailleurs un certain air de famille,

— Par exemple, dit-il, n'est-il pas plus charmant de lire sur deux charmantes figures que sur une page de livre quelque correcte qu'elle soit :

Facies non omnibus una,
Nec diversa tamen, qualis decet esse sororum.

Sans avoir le même visage elles se ressemblent comme il convient à des sœurs.

Charmante manière de lire Ovide ! — se dit Henry ; — puis il regarda danser sa femme.

On se retira au milieu de la nuit ; — Marie lui parut triste, — il la crut seulement fatiguée.

— T'es-tu amusée ?

— Oui... certainement, mon ami... et je te remercie.

— Tant mieux, car il y a un autre bal la semaine prochaine.

— Je n'irai pas... répondit Marie d'un ton un peu sec, — puis elle reprit :... Je ne veux pas abuser encore de ta complaisance... tu as dû t'ennyer.

— Moi... pas le moins du monde, — je t'ai regardée, — et au milieu de toutes ces femmes mes yeux et mon cœur t'ont encore choisie pour la compagne de ma vie.

— Que tu es bon, — mais... cela en réalité donne beaucoup de fatigue, — j'aime mieux n'y pas aller.

Le lendemain, Henry, qui vit la tristesse encore empreinte sur le visage de Marie, découvrit qu'on ne lui disait pas tout. — Il questionna, il pressa, enfin il apprit : 1° que pour aller au second bal, on ne pouvait rien mettre de ce qui avait paru dans la toilette du premier. — Il y a à ce sujet des lois et une pénalité mieux observées et plus sévères que celles sur lesquelles reposent la paix des empires et la liberté des peuples.

2° Que les bijoux de Marie, qu'elle, presque autant que lui, avait crus superbes, — étaient des bijoux de petite fille, de pensionnaire; — que Marie-Anne ne les avait jamais remis depuis son mariage, — et qu'à ce bal chez le conseiller elle avait un collier de perles de trente mille francs, — et des boutons d'oreilles de diamant valant cinq cents francs chacun.

Ce récit arraché à Marie fut suivi d'un éloge qu'elle fit de la vie champêtre et bucolique, — des arbres, des lacs et du laitage.

A ce moment, Marie-Anne entra.

Henry, appelé de dehors, ne tarda pas à rentrer, et trouva les deux cousines en larmes.

Marie-Anne avait raconté ses chagrins : le comte d'Eisenach était jaloux, brutal, et « vieux, » Marie-Anne était « la plus malheureuse des femmes. »

— Mais, ma chère sœur, dit Henry en l'embrassant, Maximilien avait, quand tu l'as accepté, vingt ans de plus que toi, absolument comme aujourd'hui.

Il se mit la tête dans les deux mains, — et il pleura.

— Voici malheureuses, — s'écria-t-il, — les deux femmes que j'aime le plus au monde: ma femme, parce qu'elle n'a pas d'assez gros diamants ; — ma sœur, parce que, pour avoir des diamants, elle a vendu sa vie et son bonheur.

Il resta encore quelque temps absorbé dans de profondes réflexions, — les yeux fixes ; — puis tout à coup — il se leva, et dit :

« Les diamants me le payeront.

» Je vais consacrer désormais ma vie à un seul but :

» Je rendrai les diamants et les autres pierres dites précieuses aussi viles que les cailloux des chemins.

» Méprisables cailloux en effet, s'écria-t-il, en marchant par la chambre avec agitation, pour lesquels on a fait tant d'infamies et tant de sottises ! »

Ses regards étaient tellement scintillants, ses mouvements tellement saccadés, que les deux Marie le crurent en proie à un accès de délire, — peut-être de folie ; — elles l'enlacèrent dans leurs bras, en lui disant de leurs douces voix : — Mon frère, mon bon Henry, calme-toi.

— Je ne suis pas aussi malheureuse que tu le crois, disait Marie-Anne.

— Moi, je suis la plus heureuse des femmes, disait Marie.

— Peu importent maintenant vos pieux mensonges ! la condamnation des diamants est prononcée. Ah ! ils ont voulu jouer avec un chimiste de ma force! — eh bien! ils périront, je les tiens, — j'en ferai des gros comme des pavés, et je les vendrai cinq sous comme les pavés. — On a dit que la salle où Assuérus reçut Esther était pavée d'émeraudes, et les savants ont révoqué la chose en doute sous prétexte d'impossibilité: — on en pavera les écuries !

On a contesté aussi le fameux plat d'une seule émeraude des Génois, celui sur lequel, dit-on, fut servi l'agneau de la Cène.

Je ferai d'une seule émeraude les cruches et les cuvettes pour les usages les plus vulgaires.

Ah! on ne reverra plus ce temps où un père romain disait : « S'il me vient une fille, je lui couperai les oreilles par égard pour mon futur, car les oreilles de ma femme m'ont ruiné ; à chacune d'elles pend un patrimoine. »

Il viendra un temps où les pierreries perdront même leurs noms sonores de saphirs, de topazes, d'opales, d'améthystes ; — on les confondra dans un seul nom ; — comme par verroteries on entend aujourd'hui toutes sortes de colifichets en verre, quelle qu'en soit la couleur.

De ce jour, Henry renonça au monde, aux distractions. — Un petit héritage qui lui survint lui permit même de renoncer aux leçons qu'il donnait; il se fit construire un grand laboratoire, et n'en sortit plus qu'une fois par jour à l'heure du dîner. — On ne le rencontra plus jamais dans la rue, il renonça à toutes les habitudes voraces qui mangent des heures ; — il ne lut plus, il ne causa plus, — il ne fuma plus.

Sa femme se plaignit quelquefois de la tristesse de la maison.

— C'est la faute des diamants, disait-il, mais leur affaire est bonne, — ils vont être déshonorés, ils vont être perdus. — Vois ma sœur, fais venir du monde chez toi, si cela t'amuse, — mais laisse-moi finir mes affaires avec les pierreries, — il faut que la nature finisse par me livrer son secret tout entier ; — je sais déjà avec quoi elle les fait et avec quoi elle les colore, mais l'homme ne peut pas y mettre la lenteur qu'elle y met. — Il faut que je trouve des procédés expéditifs, — j'y suis bientôt : je ris quand je pense qu'il y a encore des imbéciles qui achètent des pierreries en ce moment.

Un matin, — Henry, qui avait passé la nuit dans son laboratoire, — en sortit pâle, plus encore d'émotion que de fatigue.

— Ah ! ah ! — s'écria-t-il, — vite, qu'on aille me chercher Eichstall, le joaillier.

— Qu'as-tu, Henry ? disait sa femme, — tes yeux sont égarés et lancent du feu.

— Ce que j'ai, tu vas le voir tout à l'heure.
Le joaillier arriva.

— Monsieur Eichstall, — dit Henry en lui tendant un papier plié, — qu'est-ce qu'il y a là dedans ?

M. Eichstall examina, retourna une petite pierre enfermée dans le papier, et dit : C'est un des plus beaux rubis balais que j'aie vus de ma vie. — Le voulez-vous vendre ?

— Pas encore, dit Henry, mais je vous en vendrai trois cents le mois prochain ; j'ai fait celui-ci cette nuit ; — il est un peu petit, mais je vais demain en faire un gros comme votre tabatière. »

Le joaillier regarda madame Walstein d'un air de compassion ; il lui semblait, en effet, qu'Henry était fou.

Il est vrai qu'il était en proie à un terrible délire ; — mais il n'était pas moins vrai qu'il avait fabriqué un rubis.

Le joaillier essaya de le rayer avec un diamant qu'il portait au doigt. — Il dit :

« Monsieur Walstein, je ne crois pas à la plaisanterie que vous me faites, — mais ce que je crois, c'est que ceci est un très-vrai et très-beau rubis.

— Eh bien ?

— Eh bien ! ou vous voulez vous moquer de moi, ou quelqu'un se moque de vous.

— Combien y a-t-il de rubis semblables dans la ville ?

— Sept ou huit.

— Demain, je vous en montrerai quinze, — après demain... après demain... — oh ! après demain... »

Henry tomba à la renverse ; — on le releva, on le mit au lit, — il avait la fièvre et le délire.

Le bruit se répandit que Henry Walstein était devenu fou, et croyait faire des pierreries. Il était devenu fou, il est vrai, mais de joie d'en avoir fait.

Il exigea que l'on remplît sa chambre de fleurs.

— Ah ! je suis vengé, — s'écria-t-il, — vivent les fleurs ! à bas les diamants ! — des rubis ! je veux une maison dont toutes les pierres seront des rubis balais, — le pavé d'émeraudes, les lustres en vrais diamants.

Mais non, ça va être trop commun, je n'en veux pas ; — je veux le luxe de la pierre de taille.

Ah ! ah ! ah ! disait-il en souriant, — allez-moi donc chercher toutes ces belles dames si fières de leurs diamants ; — il n'y a plus de diamants. Marie-Anne, ton fameux collier de trente mille francs ! en veux-tu six sous, dépêche-toi, demain, il ne vaudra pas si cher.

Ah! que je suis heureux! les diamants ont fait une fois pleurer ma chère Marie, et moi j'ai déshonoré, supprimé les diamants.

Jetez donc tous ces rubis par les fenêtres; — il y a trop de rubis ici, on ne sait où marcher, balayez les rubis, — c'est bon pour sabler le jardin.

Merci, mon Dieu, de m'avoir permis d'accomplir mon vœu; merci de m'avoir laissé entrer dans le laboratoire de la nature, qui est ta volonté.

Et l'or, — il faut aussi que je fasse de l'or; — il faut que je détruise l'or; — il n'y a pas besoin de le déshonorer, — il l'est depuis longtemps.

Moi, j'avais compris que tous ces métaux étaient choses viles, en réalité, en voyant le peu de cas que Dieu en fait, et les mains auxquelles il les distribue quelquefois.

A bas l'or! — à bas les pierreries!

Vivent les fleurs! — Allez-moi acheter encore des fleurs. — Tenez, voici une poignée d'améthystes, tâchez de trouver un marchand assez bête pour vous donner en échange un bouquet de violettes.

Si, en semant des améthystes et des rubis, on pouvait faire venir des violettes et des roses...

Mais...

Ah! que je suis heureux,—mes deux chères amies,

— ma femme, ma sœur, les diamants vous avaient fait pleurer : il n'y a plus de diamants. Je vais dormir un peu, — et puis je vais me mettre aux saphirs. — Ah ! les pauvres saphirs !

Et il mourut en riant.

Je le répète, Henry n'était devenu fou que de l'excès de travail et de la joie du succès. — Son rubis fut vendu quatre mille francs ; mais ses travaux, son secret, tout était perdu.

Heureusement, à la même époque, — et ceci vous pouvez le savoir, — vous pouvez le demander, un jeune savant français, monsieur Ebelmer, directeur de la fabrique de Sèvres, obtenait les mêmes résultats, mais d'une façon plus complète, plus certaine, plus méthodique ; — il avait fait des rubis, des chrysobérils, des émeraudes et des péridots, lorsqu'il est mort, à l'époque de l'Exposition universelle de Londres ; mais lui, qui est mort avec tout son bon sens, — il a laissé tous ses procédés.

Dernièrement, à l'Académie des sciences, un autre savant, dont je ne me rappelle pas le nom, a apporté de petits diamants de sa composition.

Les pierreries vont devenir ce que la nature les avait faites, — des cailloux brillants.

Le Sancy, le Régent, la Montagne de lumière, etc.,

— seront de si petits diamants, qu'on n'en saura que faire; — les fabricants ne s'amuseront pas à de pareilles babioles.

On a souvent raconté, comme chose prodigieuse, que le Sancy, qui avait appartenu à Charles le Téméraire, fut trouvé par un soldat après la bataille où fut tué le duc de Bourgogne, et vendu un écu à un curé.

Il viendra un jour où le Sancy ne trouvera plus d'acheteur à un écu.

Ne payez donc plus les pierreries trop cher, ni en argent, ni en bonheur.

Elles vont bientôt non pas perdre, mais reprendre leur valeur de cailloux très-brillants, mais moins beaux que les fleurs.

IX

MANIEMENT DES ARMES DE LA MODE.
EXERCICE DE LA CANNE ET DU LORGNON

L'homme sauvage porte une massue, le Huron son tomahawk, — l'homme des temps chevaleresques sa grande épée ou sa masse d'armes ; — puis on vient graduellement aux épées de parade et à la canne. — La canne devrait être une arme capable, pendant que vous êtes robuste, de préserver vous et ceux à qui vous devez protection contre une agression ou un accident, et de vous appuyer lorsque vous êtes vieux. — Eh bien ! non ; la canne est un bijou à tête ciselée ou garnie en or, en ivoire, en cornaline.

Je n'ai rien contre les belles armes, mais la canne à la mode n'est pas une canne, — c'est une badine de bois précieux qui se casse comme une porcelaine, et qui ne pourrait défendre sa précieuse poignée.

Vous ne porterez jamais une canne avec la grâce que met une femme qui a de la grâce à porter une ombrelle; d'ailleurs, eussiez-vous cette grâce, elle ne vous siérait pas, au contraire ; mais vous ne la cherchez pas : vous portez des cannes à la mode, et vous les portez comme la mode veut qu'on les porte. — Il y a quelque temps, on portait la pomme apposée sur les dents. Tous les hommes élégants de Paris et du reste du monde obéissent à ces commandements, comme, un jour de revue, quand on fait manœuvrer dans un vaste terrain de la troupe de ligne et de la garde nationale. Pour la première, au commandement de : « Portez armes ! » il n'y a qu'un bruit, il n'y a qu'un homme. Les troupes bourgeoises se suivent du plus près possible, souvent même de très-près, mais n'arrivent que bien rarement à l'ensemble.

Eh bien! la mode commande : « La pomme de la canne devant les dents ! » — D'un seul mouvement, tous les élégants de Paris portent la pomme de la canne devant les dents ; le reste du monde suit avec plus ou moins de régularité. Tout à coup, la mode reprend : — « Garde à vous ! la canne dans la poche ! » — Et la jeunesse élégante de Paris et du monde met la canne et la main qui la porte dans la poche du paletot.

Un peu avant ou après, je n'affirme pas le moment, mais j'affirme le fait, la mode voulut que le bras s'enlaçât autour de la canne comme le pampre autour du thyrse, que la canne sortant sous l'aisselle, se dressât derrière celui qui la portait, en forme d'éperon.

On fut très-longtemps à faire remarquer qu'ainsi placée, elle commettait de perpétuelles incivilités, et exposait les passants à des dangers sans cesse renaissants; qu'elle renversait les chapeaux, crevait les yeux; que c'étaient là des allures provocantes, bonnes tout au plus quand elle était tomahawk, masse d'armes, estocade ou dague; qu'à la rigueur, un bâton de houx, un rotin choisi, un jonc même, pouvaient se permettre ces façons de matamore ou de raffiné; mais quand on est fragile, il faut être plus modeste, et se réciter de temps en temps le matin, à jeun, avant de sortir, la fable où Lafontaine raconte comment le pot de terre se brisa contre le pot de fer, comme une cruche qu'il était.

Parlerons-nous du « lorgnon ? » — C'était un accessoire obligé de l'air impertinent, « de l'air froid. »

Un jour la mode a fait un signe, et toute la jeunesse a pris « l'air froid, » — c'est-à-dire qu'il a été déclaré de bon goût de ne laisser paraître par les mouvements de la physionomie, ni plaisir, ni peine, ni sensibilité, ni bienveillance, ni enthousiasme, ni intelligence, ni politesse. Cette mode, facile à suivre pour le plus grand nombre, a eu et a encore un succès très-grand.

Cela complète pour les élégants l'imitation déjà avancée des figures de cire de la montre des coiffeurs : teint blanc et rose, tête creuse, raies correctes entre des cheveux frisés, bouche rose. — Il ne manquait que « l'air froid, » qu'elles ont au plus haut degré. — L'air froid étant adopté, c'est complet, c'est à s'y tromper ; il ne reste plus rien à leur prendre, — que leur place.

Pour le lorgnon, la mode a fait un signe, — et a dit : « Il sera élégant d'être infirme. »

Et on a adopté la plus triste des infirmités, la cécité à un certain degré. — Certes, c'est aussi étrange que s'il était à la mode de se teindre les cheveux en blanc (ah ! pardon, ç'a été à la mode), de se faire arracher des dents blanches pour s'en faire mettre des noires, de se faire arracher les cheveux pour être chauve — (ça peut venir !).

Mais le lorgnon, c'était si commode : — on voulait avoir l'air impertinent, mais on avait des habitudes efféminées, mais on avait perdu les traditions chevaleresques, mais on avait remplacé la rapière par la petite badine à la tête de cornaline; on pouvait être embarrassé parfois et de son regard et de celui d'un autre.

Au moyen du lorgnon, on s'est fait un regard postiche, un regard qui ne cligne pas sous un regard justement irrité.

/.

Parlons encore de la mode, puisque les hommes dits élégants lui obéissent comme les femmes.

Je comprends, à la rigueur, l'absolutisme, — de la mode bien entendu, — dans des circonstances comme celles-ci : Marie-Antoinette, reine par le rang et par la beauté, imaginait, quand elle *travaillait* avec mademoiselle Bertin, des parures qui ne tardaient pas à être fort imitées.

En effet, il y a un double charme à penser qu'une femme doit une partie de sa beauté à des ornements extérieurs, et qu'on va s'approprier ses ornements.

On comprend la mode de la « couleur des cheveux de la reine. » C'était une très-jolie idée du comte d'Artois. — Disons, entre parenthèses, que les courtisans, avec la dignité qui les distingue, imaginèrent, partant de là, la couleur « caca dauphin, » qui fut également fort à la mode. — Même lorsque la reine se trompait, on pouvait se tromper avec elle. Elle imagina un jour de porter des plumes si hautes, que le roi en prit du souci et déclara plusieurs fois qu'il trouvait cette mode exagérée et ridicule. Un soir, à la Comédie-Italienne, Arlequin entra sur la scène portant, à la place de la queue de lapin traditionnelle qui orne son bonnet gris, une plume tellement gigantesque, qu'il fut arrêté par la porte et ne put entrer qu'après plusieurs essais et après avoir imaginé de se ployer en deux.

Il fut question de le mettre au For-l'Évêque, mais le roi défendit qu'on lui fît aucune peine, et l'on crut même que cette plaisanterie, qui abaissa les plumes, n'avait été faite que par son ordre.

On comprend qu'une femme très-belle, qu'un homme très-illustre, trouvent un certain nombre de femmes et d'hommes qui imitent leur costume, les unes pour s'emparer d'une partie de sa beauté, les autres pour manifester qu'ils s'associent à ses idées. De même, lorsque des artistes comme plusieurs de nos peintres, de nos sculpteurs, très-peu d'acteurs, trouvent et imaginent de beaux costumes, que l'on s'en rapporte à ces hommes qui passent leur vie dans l'étude et la recherche du beau, — rien de mieux ; mais que l'on permette de promulguer les lois despotiques de la mode à des couturières avides ou à des bossues hypocrites, c'est à quoi je ne puis m'accoutumer.

X

LES FEMMES DE CRIN

Si j'avais l'honneur d'être femme, je me sentirais émue, inquiète et indignée d'une chose qui frappe les yeux à chaque instant dans les rues.

Paris est la seule ville où il n'y ait pas de femmes tout à fait laides. — La Parisienne s'approprie et s'assimile avec tant d'adresse et de grâce toutes sortes de choses qui en réalité ne lui appartiennent pas, — qu'elle fait des attraits qu'elle a et de ceux qu'elle emprunte un tout homogène, un fagot de charmes bien difficile à démêler; — de sorte qu'on aime dans une Parisienne, — sans s'en apercevoir, — autant de soie que de peau, autant de dentelles que de cheveux. — Il semble que les fleurs naissent, croissent et s'épanouissent dans sa chevelure tout naturellement, comme les bleuets dans les blés. — Il semble que la dentelle appartient à ses épaules, comme les plumes appartiennent au colibri ;—que la jupe de soie qu'elle traîne fait partie d'elle-même, comme la queue constellée que traîne le paon. — Non-seulement la Parisienne décide des couleurs qu'on portera dans toute la France et dans le monde entier, mais encore elle édite de temps en temps telle ou telle forme inusitée pour le corps féminin. — Ces inventions (je parle des dernières), ne sont pas toujours raisonnables ni heureuses. Mais les lois de la mode sont les seules auxquelles on obéisse dans notre pays. Je crois même qu'il n'y a pas en réalité d'autres lois. — On porte telle année des jupes trop longues, et des idées au moins libérales; telle autre des chapeaux trop petits et des idées au moins réactionnaires.

On a vu des Parisiennes faire savoir au monde entier, sous le règne de Louis XVI, que le visage des femmes serait à l'avenir, et jusqu'à nouvel ordre, au milieu du corps, — et le monde entier a obéi... Aujourd'hui il a été décidé que les hanches changeraient de place, et elles ont changé de place. — Le diable sait où elles sont!

Il est une sorte de femmes pour qui ces révolutions

sont faciles : ce sont celles auxquelles la nature paresseuse a confié le soin de se faire elles-mêmes. — Celles-là n'ont aucune peine à se conformer aux lois qui se succèdent : elles sont dans l'ordre physique ce que sont dans l'ordre moral les hommes sans idées et sans convictions.

Mais pour celles auxquelles la nature n'a pas témoigné la même confiance, pour celles qui ont reçu leurs formes toutes faites, pour celles qui sont en général les plus belles, il se présente d'immenses difficultés, et il est bien rare qu'elles arrivent à ne pas être vaincues par les premières. Ces charmes un peu artificiels ne doivent être servis aux regards que tout prêts, et il est d'une inconcevable imprudence de laisser pénétrer le public dans les coulisses de ces artistes en beauté.

Eh bien, c'est sur cette imprudence que je veux appeler l'attention des femmes. — Il n'y a pas aujourd'hui dans Paris une seule rue dans laquelle il ne se trouve une boutique où l'on fasse l'exhibition publique aux vitres et dans la montre, — d'objets bizarres en étoffes de crin, — qui trahissent le secret qu'il y a des marchands de hanches et de mille autres choses.

Cette révolution ne peut manquer de produire l'incrédulité qui a déjà attaqué et renversé tant de choses, et qui menace incessamment de renverser le culte et la religion de la beauté.

Je ne parlerai pas de l'inconvenance de semblables exhibitions ; je pense qu'il suffit de ce qu'elles ont d'imprudent et de dangereux pour engager toutes les femmes à défendre à leurs fournisseurs, sous peine d'abandon, d'exposer ainsi aux regards ces secrets terribles.

Il est cruel pour les hommes, en passant dans la rue, de voir des choses qui vous forcent à vous demander si votre cœur n'a pas battu plus d'une fois pour des attraits empruntés à la crinière d'un cheval de fiacre, et de dire : « Je ferai peut-être dans quinze jours des folies pour cette étoffe de crin-là. »

XI

LES HOMMES DE COTON

J'ai blâmé l'exhibition faite par certains marchands des charmes féminins qu'ils débitent. — Hélas! les deux sexes n'ont rien à s'envier, et ne se cachent rien. — Les hommes se piquent de franchise à leur tour. — C'est un combat à armes loyales, sans guet-apens, sans tromperies, charmes sur table.

J'ai vu, hier, dans une boutique, rue Richelieu, le manifeste des hommes, en réponse à celui des femmes édité par les marchands de crinoline.

Le manifeste des femmes disait: « Il faut nous aimer, esclaves volontaires qui faites les insurgés, et nous aimer comme nous sommes. Si nous prenons la peine de corriger un peu les erreurs, les distractions, les négligences, les omissions de la nature, ça n'est pas pour vous subjuguer, nous n'avons pas besoin de cela, et vous n'en valez pas la peine. S'il n'y avait que vous au monde, vous êtes tellement à nous, et vous vous connaissez si peu en parure, que tout ce qu'on daignerait faire pour vous serait de se laver les mains régulièrement et de peigner ses cheveux de temps en temps. On est toujours assez bien pour vous. Mais c'est pour les autres femmes que nous prenons de la peine, c'est à cause d'elles que notre toilette est une œuvre d'art. Tout fusil peut tuer un étourneau; c'est par vanité, entre chasseurs, que l'on a un fusil de Devisme, monté en argent et damasquiné. — Chaque femme est sa propre poupée, qu'elle habille et arrange. Il ne s'agit pas d'être vraiment belle, mais d'être bien habillée. Peu importe qu'on achète de la gaze ou des cheveux, des perles ou des dents, que l'on ait des hanches en chair ou en crin. Pour l'artiste, les moyens ne signifient rien quand le but est atteint. Nous ajouterons même que les réelles beautés sont souvent encombrantes; qu'une poupée sans corps est bien plus facile à habiller comme on l'entend. Les vrais cheveux, comme les vraies hanches, ont une place fixe, tandis que, si vous les mettez comme vos jupes, vous les mettez où et comme vous voulez.

» Ainsi, messieurs les hommes, vous nous aimerez comme nous sommes, vous nous aimerez en baleine, vous nous aimerez en crins, vous nous aimerez en bois, si cela nous paraît nécessaire d'être en bois, pour que nos robes nous aillent mieux. »

Le manifeste des hommes, étalé dans la boutique de la rue de Richelieu, se compose de gilets et de caleçons de flanelle, de ceintures lacées, de mollets en coton, etc.

Et ce manifeste dit :

« Ah ! vous avez cru qu'en échange de poupées de crins, on allait vous donner des Hercules et des Antinoüs en chair et en os !

» Eh bien ! et nous aussi, nous sommes mal bâtis, — et nous aussi, nous sommes maigres et chétifs, — et nous aussi, nous avons de trop gros ventres et de trop grêles mollets. Ah ! nous aimons des crins ! Eh bien vous aimerez du coton !

» Nous aimons des femmes artificielles ! vous aimerez des hommes postiches ! on vous rendra juste la monnaie de vos pièces ; on vous payera en vos propres valeurs, — comme disent les négociants. »

XII

LES DIAMANTS S'EN VONT.
INDÉPENDANCE DES FEMMES

L'autre jour, un grand seigneur étranger, parfait spécimen de l'aristocratie européenne, s'arrêta longtemps devant un énorme diamant appelé « l'Étoile du sud, » exposé au palais de l'Industrie par messieurs Alphen.

— « O grosse pierre! disait le grand seigneur au gros diamant; pierre si grosse qu'en ce moment aucun souverain ne pourrait t'acheter, brille et resplendis vite! hâte-toi de jouir de l'admiration et de l'empressement de la foule! Bientôt, sans doute, grâce aux progrès de la science, tu ne seras plus qu'un caillou sans valeur. En ce moment peut-être quelque savant s'écrie: « Eurêka! » et montre à d'autres savants les résultats de sa découverte. Il y a bien longtemps déjà que, pour les savants, tu es un morceau de charbon quelque peu modifié : du « carbone pur ; » ils te mettent au nombre des « combustibles ; » ils savent te brûler, toi qui as passé si longtemps pour inaltérable ! Bien plus, ils savent te produire, ils savent te faire ! Jusqu'ici ils n'ont pu te faire qu'en poudre, mais longtemps aussi on n'a pu tirer de la betterave que de la cassonnade. On cristallisera l'un comme on a cristallisé l'autre. Est-ce qu'on ne vient pas de résoudre un problème du même genre, relativement à l'aluminium ?

» C'est une terrible chose que l'analyse, ô gros diamant ! Crois à mon expérience, *experto crede Roberto*. Maudits soient les philosophes, les savants, les idéologues ! Pour eux, le diamant est du charbon, et un grand seigneur n'est qu'un homme tout au plus. Que l'on avait bien eu raison jadis de traiter ces gens-là en ennemis publics, et de mettre des entraves à ce qu'ils appellent les progrès de l'esprit ! O diamant ! beau diamant ! gros diamant ! ton avenir m'inquiète, parce qu'il me fait songer à l'avenir des vieilles idées. Un de ces matins nous verrons trois lignes dans les journaux ; dans ces trois lignes on dira : « Le savant trois étoiles a présenté hier à l'Académie des sciences un diamant de la grosseur du poing; il a demandé pardon de l'exiguïté de l'échantillon: il n'avait eu que quelques heures devant lui pour le faire.

» Avec l'analyse on nous dit juste ce que nous sommes, et en général nous n'y gagnons guère.

» O gros diamant! hâte-toi de briller et de resplendir, tandis que moi, un des derniers débris de l'aristocratie européenne, je me hâte d'accueillir les salutations routinières de la foule. Bientôt peut-être nous n'aurons pas de plus grands ennemis, toi, que les femmes qui ont tout donné pour posséder des diamants dont chacun ne fait qu'un de tes rayons; moi, que les hommes qui, par un reste d'habitude, m'accablent encore de sottes flatteries.

» O gros diamant! déjà on t'appelle par ton nom de carbone; tu n'en as plus que pour peu de temps, comme l'antique prestige de mes idées. »

Et le grand seigneur étranger s'en alla mélancolique.

J'ai lu comme tout le monde, dans plusieurs journaux, la note que voici:

« En Suisse, des femmes sont employées dans plusieurs bureaux télégraphiques intermédiaires; elles s'acquittent avec beaucoup d'adresse de leurs fonctions. Dans le seul canton de Berne, sur neuf bureaux télégraphiques, on en compte sept desservis par des femmes. »

Si tout le monde a lu cette note comme moi, je suis certain que personne ne l'a lue avec autant de plaisir que moi, pour deux raisons : la première, c'est qu'elle vient me fournir un nouvel argument dans une cause que je plaide depuis longtemps ; la seconde, c'est que je crois que l'idée est en progrès et qu'il n'est peut-être pas impossible que je finisse par gagner mon procès.

Lorsque l'on commença à abandonner beaucoup trop l'agriculture et la terre, que les Latins appelaient avec tant de raison bonne mère, *alma parens*, pour venir s'entasser dans les villes, on fit dans les villes ce qu'on avait tout naturellement fait dans la campagne : les hommes prirent les rudes travaux, ceux qui demandent de la vigueur et de l'audace; les femmes, au contraire, ceux qui ne demandent que de l'assiduité, de la patience et de l'adresse.

À la campagne, en effet, l'homme bêche, pioche, conduit les bœufs et les chevaux, et porte les fardeaux; la femme file, coud, sarcle, trait les vaches, soigne la volaille et prépare les repas.

Jamais on n'a vu les hommes s'ingérer de coudre,

de filer, de sarcler, de faire la cuisine, etc., car alors il faudrait que les femmes, pour gagner leur vie, fissent à leur tour les travaux des hommes ; et quoique nos campagnardes soient plus vigoureuses que les citadines, quoiqu'au besoin elles aident leurs pères et leurs maris dans leurs grandes fatigues, elles ont cependant une faiblesse relative.

Eh bien, dans les villes, les hommes se sont successivement emparés de toutes les professions lucratives des femmes; ils ne leur ont laissé que celles qui ne valent pas la peine d'être usurpées, c'est-à-dire celles qui, ne nourrissant pas les femmes, feraient mourir les hommes de faim beaucoup plus vite.

De là la misère, le désespoir. et la vénalité pour tant de filles du peuple.

Notez que les industries qui demandent de la force sont plus nombreuses que les autres ; que les hommes, en s'astreignant à ce genre de travaux, auraient encore plus de travail que les femmes, et qu'à tout prendre ils ont toujours la suprême ressource de se faire soldats.

Eh bien! on a ôté aux femmes jusqu'aux travaux d'aiguille, — de l'aiguille qui leur appartient.

Je l'ai répété bien des fois, et je le répéterai encore bien d'autres :

Certains travaux auxquels se livrent les hommes appartiennent aux femmes et ont été usurpés sur elles. J'en appelle à la générosité de ceux qui les ont usurpés sans s'en apercevoir, parce qu'ils ont trouvé les choses déjà établies ainsi ; qu'ils se fassent cette question :

Un homme et une femme viennent un matin sur la place publique pour y trouver un ouvrage qui leur donne le pain de la journée. Un seul bourgeois a de l'ouvrage à donner.

Il s'agit de porter deux paquets à l'autre extrémité de la ville : l'un est un lourd fardeau, l'autre est un objet léger, mais précieux et fragile.

Il peut laisser l'homme choisir ; je suis convaincu que cet homme, quel qu'il soit, ne s'avisera jamais de laisser à la femme la charge pesante. Eh bien ! ce qu'aucun de vous ne voudrait faire pour une fois et à l'égard d'une seule femme, vous le faites tous les jours, toute la vie, à l'égard de plusieurs millions de femmes que vous réduisez à la misère, au désespoir, à la vénalité.

Certes, je ne demande pas que ceux qui ont adopté ces professions féminines et qui n'en ont pas appris d'autres les quittent tous ensemble demain matin. Il afut semer avant de récolter, et je sème.

Seulement, dans le champ des idées, il arrive toujours ce qui n'arrive que quelquefois dans le champ du laboureur, où la sécheresse et mille insectes malfaisants viennent parfois détruire la semence, soit en terre, soit à peine germée, ce qui l'oblige à ensemencer le champ de nouveau. Les préjugés, les intérêts sont comme de vilains insectes noirs, et bien malfaisants, et bien opiniâtres, mille fois plus que les *courtillières*, les *mans*, les *taupes* et les *chenilles*. Il faut donc labourer et semer sans cesse si l'on veut arriver à une récolte. Pour ce qui est de la sécheresse, afin de compléter ma comparaison, on en trouve dans le cœur de l'homme plus que dans le sable le plus aride.

Cet exemple des femmes employées en Suisse aux télégraphes me permet d'étendre encore mon idée, en me rappelant certains exemples analogues que je n'avais pas assez remarqués chez nous.

Lorsque je réclame pour les femmes les professions où l'on est assis, où l'on est frisé, où l'on a un dé et une aiguille, professions qui ne demandent que de l'adresse, je ne trouve que des femmes d'une certaine classe; mais l'essai fait en Suisse me permet de songer aussi à une classe non moins intéressante et plus malheureuse que celle pour laquelle j'ai plaidé jusqu'ici.

Je veux parler de ces femmes qui ont reçu de l'éducation, et qui restent dans la vie, isolées, sans fortune, sans chances d'établissement; de ces femmes qu'un homme riche ne voudra pas épouser, car aujourd'hui il semble que pour être avare on attende d'en avoir le moyen ; — qu'un homme pauvre n'osera pas épouser, parce que son travail à lui est insuffisant.

Les bureaux de poste d'un certain rang sont gérés par des femmes ; c'est à peu près les seules fonctions données aux femmes, quoique ce soient celles peut-être qu'il soit le plus périlleux de leur confier. Cependant elles s'en acquittent passablement. Il y a aussi certaines places dans l'administration des contributions indirectes, bureaux de timbre et de tabac, que les femmes remplissent sans inconvénient. Mais toutes les autres places ne sont-elles pas occupées par des hommes? Or, cette profusion de bureaucrates, — je parle du moins de certains rangs et de certains grades qui ne demandent que certaines connaissances et ne font assumer qu'une certaine responsabilité, — cette profusion, lorsque les hommes n'y sont pas indispensables, — et ils le sont dans d'autres professions, — est parfaitement contraire à la santé de l'homme. Les anciens en avaient fait un des supplices de leur enfer : « Être éternellement assis. »

> ....Sedet, æternumque sedebit
> Infelix!

Cette vie sédentaire, au contraire, présente moins d'inconvénients pour les femmes. Le trajet du domicile au bureau et du bureau au domicile est un exercice suffisant pour leur santé.

Il faut, je le répète, que les mœurs et les idées ramènent la société à faire pour les femmes ce qu'elle fait de son mieux pour les hommes : leur donner le moyen de vivre en travaillant.

Eh bien, dans l'état actuel des choses, à très-peu d'exceptions près, les femmes ne peuvent pas vivre en travaillant, parce que les hommes ne leur laissent que celles des professions, leur appartenant naturellement, qui ne valent pas la peine d'être prises.

La misère, le désespoir, tant de pauvres filles tombées dans le désordre, tant d'infanticides, tant de cadavres de femmes trouvés dans la rivière ou dans les mansardes, auprès d'un fourneau, doivent plaider plus éloquemment mille fois en faveur d'une réforme que ni moi ni aucun autre nous ne le pourrions faire. Mais ce n'est pas aux lois qu'il faut avoir recours pour arriver à ce résultat, c'est aux idées, c'est aux mœurs, qui seules font les lois durables ; c'est au bon sens, à la générosité publique qu'il faut faire appel. Il faut que tout doucement l'homme arrive à être frappé de deux sentiments, l'un de honte de ne pas employer ses forces, l'autre de pitié de voir qu'il usurpe le pain d'une pauvre femme.

Toute loi, tout régime qui serait contraire aux idées et aux mœurs du pays n'aurait que la durée d'une mode de chapeau ou de gilet.

On peut donc compter que je reviendrai souvent sur ce sujet. Depuis vingt ans que je combats dans les livres et dans les journaux, si j'ai noyé dans l'encre ou transpercé du bec de ma plume deux ou trois petits abus, c'est à mon obstination que je le dois. Les abus sont durs. Ce n'est pas avec un rasoir mais avec une scie que l'on réussit à couper le marbre. C'est avec de la poussière de diamant et de la patience que l'on polit le diamant, à ce qu'on m'a dit.

Il ne faut désespérer de rien. Janin a découvert un œillet bleu, Dumas une tulipe noire, madame Sand un chrysantea bleu. Le merle blanc et le cygne noir, si longtemps donnés comme la figure de l'impossible,

Rara avis in terris nigroque simillima cygno,

le merle blanc et le cygne noir sont trouvés depuis

longtemps ; ils sont même dépassés, car tous les journaux annoncent que l'on vient de tuer un merle rose à Auxerre, ce fameux merle rose que l'on accusait Buffon d'avoir pris dans les plis de ses dentelles.

XIII

LES MARCHANDES DE CERISES

« Est-ce que ce ne serait pas là l'histoire des femmes, de la beauté, de l'amour ? »

Je rêvais l'autre jour que, sous une allée de sycomores, je voyais deux ou trois douzaines de femmes : l'une était assise sur un banc et avait sur une table des cerises d'assez bonne apparence; les plus grosses et les meilleures étaient au-dessus de tas, comme de raison, et elle criait : A la douce, mes bonnes cerises, à la douce ! goutez-les avant de les acheter.

Il faisait chaud, j'avais soif, j'en goûtai une, cela augmenta ma soif, et j'en achetai.

Une autre avait coquettement disposé ses cerises sur des feuilles de vigne, auxquelles elle avait mêlé quelques fleurs; elle ne permettait à personne d'en toucher une.— Celles-ci paraissent plus belles, me dis-je, et j'en achetai.

Une troisième marchande les avait fait cuire en compotes, tandis qu'une quatrième les avait fait confire dans de l'eau-de-vie.—Je fis emplette des unes et des autres. Celle-ci tenait un grand panier très-scrupuleusement fermé, et disait : —J'ai de bien plus beaux fruits que toutes ces femmes, mais je les vends plus cher, et je veux vendre tout mon panier à la fois. — Il me faut payer d'avance, et on emportera le panier tel qu'il est sans l'ouvrir, jusqu'à ce qu'on soit chez soi. — J'essayai de la décider à m'en vendre une livre ou deux, mais elle s'opiniâtra, et j'achetai le panier tout fermé.

Celle-là traversait l'allée d'un air empressé; elle portait ses fruits avec toute sorte de précautions, pour qu'on ne les vît pas; cependant on voyait bien qu'elle les cachait. — Ne me demandez pas de fruits, je n'en ai pas, disait-elle, et en disant cela, par un mouvement maladroit, elle les laissait entrevoir. J'en pris deux poignées, et je lui jetai mon argent.

— J'en ai, moi, de très-bons et de très-beaux, disait une autre, qui cachait plus strictement un papier bien fermé, mais ils ne sont pas à vendre. Il me plaît de les laisser flétrir sur l'arbre.

Je la suppliai tant qu'elle m'en vendit comme les autres.

— Mes cerises sont vendues, disait une marchande.
— Mais alors, lui demandai-je, pourquoi venez-vous au marché, et surtout pourquoi montrez-vous vos fruits si bien arrangés?
— Oh! dit-elle, à la rigueur j'en vendrai bien une livre ou deux, mais pas davantage.

Et les autres annonçaient également leur marchandise chacune à sa manière.

— Les miennes viennent de bien loin, il n'y en a pas de pareilles dans ce pays-ci.

Et j'en achetais.

— C'est moi qui fournis d'ordinaire le Shah de Perse.

Et j'en achetais.

— En voici attachées en bouquet.

Et j'en achetais.

— Étrennez-moi ; je n'en ai pas vendu une seule. vous aurez la fleur du panier.

Et j'achetais.

— Moi je ne les vends pas, fi donc ! je les donne. Ah ! faites-moi cadeau de ce cachet qui est à votre montre.

Je donnais le cachet, et je prenais une poignée de cerises, et un peu après je m'apercevais que ma montre était restée après le cachet.

— Tout le monde m'a acheté, il ne m'en reste plus, car je suis la marchande à la mode. Il n'est pas de bel air d'en manger qui viennent d'une autre boutique. Je n'ai plus que des noyaux, mais on vous verra jeter les noyaux, et on pensera que vous avez mangé les cerises.

Et j'achetai des noyaux.
Puis j'achetai encore des cerises à une femme qui en tenait dans une corbeille de jonc, et à une autre dont les fruits étaient dans une belle jatte de porcelaine du Japon.
Quand j'eus acheté des cerises à toutes les mar-

chandes parce que je croyais toujours que la dernière qui se présentait avait des fruits meilleurs, ou du moins d'une espèce différente, — je vis venir à moi un homme à barbe blanche qui me dit : « Ce matin de très-bonne heure, aux premières lueurs du jour, est venue ici une femme de la campagne avec un âne ; cet âne portait deux grands paniers : dans ces paniers était la récolte d'un cerisier que cette femme a dans son jardin ; toutes celles-ci sont des revendeuses ; elle leur a cédé à chacune une part égale, puis elle est repartie. Tous ces fruits que vous venez d'acheter sortent du même panier, ont été cueillis sur le même arbre, et sont absolument pareils. « Et je me réveillai, et je me dis rêvant encore à moitié : — Est-ce que ce ne serait pas là l'histoire des femmes, de la beauté, de l'amour? Mais quand je fus tout à fait réveillé, je compris ce que cette supposition aurait d'irrévérencieux, et je la rejetai bien loin.

XIV

LES COULISSES DE LA BEAUTÉ.

Il y a plus de joies au ciel, dit-on, pour un pécheur qui se repent que pour cent justes qui persévèrent dans les voies étroites du salut. Il en est absolument de même dans l'enfer.

Qu'une femme ait à elle, à titre légitime ou autre, un homme qui satisfasse toutes les exigences de sa vanité, de son esprit, de son cœur, soyez certain cependant que si elle veut aujourd'hui une fleur de plus dans ses cheveux, si elle imagine un nouveau pli pour sa jupe, un nouveau sourire pour son visage, soyez certain que cette fleur, ce pli, ce sourire, n'ont pas été imaginés pour le mortel heureux, le mortel adoré, etc. La toilette d'une femme est un autel aux dieux inconnus.

Le mari, l'amant lui-même, sont, dans les coulisses de la beauté, quelque chose comme un machiniste, un décorateur, un souffleur. — C'est au delà de la rampe qu'est celui pour lequel on joue la pièce.

Un homme jeune, beau, amoureux, avait enfin « obtenu la main » d'une séduisante veuve, malgré l'avis, qu'il ne connaissait pas, de ce Romain qui disait en semblable occurrence : « C'est au moins un mauvais présage que de se confier à un navire sur lequel mon prédécesseur a fait naufrage. »

Au bout de quelques jours de félicité, on redevint un peu soi-même de part et d'autre, — c'est-à-dire que chacun reprit ses habitudes. — Un soir que le jeune mari, tout en parcourant les journaux, assistait à la toilette de nuit de sa femme, à laquelle une intelligente femme de chambre prêtait ses soins, — il s'aperçut avec chagrin qu'on emprisonnait dans des papiers chaque boucle de ces beaux, épais, drus et souples cheveux blonds, — dont chacun avait enlacé son cœur, comme un fil d'or d'un rets d'amour. — « Ma belle amie, lui dit-il, vous avez passé la soirée au bal, vous avez dansé, vous avez joué du piano, — vous avez eu tous les succès. — J'ai bien remarqué, un peu malgré moi, que j'avais eu à moi tout seul les gammes et les études de ce beau morceau de musique, et que je n'ai eu que ma part avec les autres de cette brillante exécution. — Ce soir, il va en être de même pour votre chère et belle chevelure. — J'ai admiré avec tout le monde ces boucles luxuriantes — mais pour moi tout seul je n'aurai que des papillotes.

— Eh, grand Dieu! que faites-vous? s'écria-t-il en lui voyant mettre des gants.

— C'est à un grand soin, mon ami, dit-elle, que je dois cette éclatante blancheur de mes mains dont vous voulez bien être un peu fier et un peu heureux. — J'ai toute ma vie couché avec des gants préparés.

—Mais ma chère, dit-il, comptez-vous faire de votre beauté comme de vos belles robes, de vos bijoux, de vos dentelles, etc.? Quand nous rentrons du bal, vous faites replier et renfermer le tout soigneusement dans des cartons et dans des écrins. »

Ces observations furent mal reçues; — on les répéta, elles furent traitées de folies et de visions.

« Faut-il donc qu'on dise dans le monde que depuis que je suis votre femme j'enlaidis de jour en jour? Si je ne me mettais pas de papillotes, ce soir, demain ma tête serait crêpue et buissonneùse, et qui pis est, mes cheveux, le soir, ne tiendraient pas la frisure et pendraient éplorés sur mes épaules comme des saules pleureurs ou comme l'oiseau de paradis du turban de nos mères.

— Pardon, ma chère beauté, mais pourquoi ne pas adopter une coiffure qui ne nécessite pas tant de préméditation? Puisque vos cheveux ne frisent pas naturellement, eh bien! ne les frisez pas. — Imaginez pour le jour une façon de porter les cheveux, — il y en a cent — qui ne me condamnent pas à passer mes nuits auprès d'un tas de petits papiers brouillard dont le bruit m'agace les nerfs.

— Allons donc! vous n'y entendez rien! Quand vous me faisiez la cour, vous m'avez fait une fois des vers sur ces boucles de cheveux contre lesquelles vous vous insurgez aujourd'hui. — Un de ces vers avait dix-huit pieds. L'éloge de mes boucles ne pouvait tenir dans un vers moins long, — et il fallait élever le vers à la hauteur du sujet.

— Vous plaisantez, vous avez tort. Et ces gants, ces affreux gants!

— Voulez-vous que j'aie des mains rouges comme madame ***, dont vous paraissiez si occupé ce soir?

— Qui? moi? madame ***? je vous jure bien...

— Oh! ne me jurez pas, mon ami; votre infidélité serait trop punie par le succès lui-même.

— Mais enfin, chère, ne pourriez-vous servir aux

admirateurs votre beauté plus au naturel? S'il est un fruit qui puisse se manger crû, c'est la beauté. On épargnerait pour elle cette longue cuisine compliquée dont je suis la victime. Ne craignez-vous qu'il ne m'arrive comme aux cuisiniers, qui perdent l'appétit? »

Il aurait continué longtemps ainsi. Ses raisonnements voltigeaient autour de la tête de la femme comme de petits papillons de nuit, comme de petites phalènes autour du globe lumineux d'une lampe : elles s'y cognent sans entrer. Mais on le pria de se retirer.

Il revint un quart d'heure après. La chambre conjugale n'était éclairée que par une lampe d'albâtre, qui ne filtrait qu'une lueur bleuâtre, semblable à celle de la lune derrière un nuage.

Il se passa alors une scène naïve dans le genre de celle décrite par Perrault entre le petit Chaperon-Rouge et le méchant loup qu'il prend pour sa mère grand : « Quels grands bras vous avez, ma mère grand! » etc.

« Ah ça, mon ami, qu'est-ce que veut dire cet accoutrement?

— Rien, ou du moins peu de chose. J'ai suivi votre exemple : la beauté de la main est une grande distinction, la mienne s'est fort gâtée depuis quelque temps : — je vais la soigner. — Provisoirement pour cette nuit, n'en ayant pas d'autres, j'ai mis des gants de chevreau noirs.

— Mais, en voici bien d'une autre!

— Ah ça, je vais à la chasse demain matin, j'ai dit: on me réveillera de bonne heure. — Le matin on a les pieds un peu gonflés; je n'ai que des bottes neuves, il me serait impossible de les remettre. — Je les ai donc gardées; mais j'ai à vous demander pardon pour les éperons, — ils ne se dévissent pas; j'ai renoncé aux éperons qui se dévissent.

— Eh! mais...

— Dieu, ma chère! quel bruit font vos papillotes! »

Je crois qu'on finit par entrer en accommodement au moyen de concessions mutuelles.

XV

VINGT ET UN VERS — UNE LACHETÉ DE L'AUTEUR

Voici quelques vers écrits sur l'album d'une femme qui vient de faire un livre :

Le voilà donc fini, Madame, ce volume !
Résultat doublement fâcheux de tant de soins ;
C'est un livre de plus, une femme de moins.
Vrai ! ce n'est qu'au chapeau que sied bien une plume.

Moi, je ne puis vous voir, sans un regret amer,
Le bout des doigts noircis, l'œil rougi, le teint blême.
Les veilles ont noirci vos regards d'outremer,
Sachez-le, d'Apollon le laurier le plus vert
Ne vaut, pour mon bonheur, ni pour le vôtre même,
Ce qu'il dérobe aux yeux de vos cheveux que j'aime.
Renoncez, il est temps, à des succès trop chers ;
Croyez qu'il est bien beau, quand il s'agit de vous,
D'en être le sujet que d'en faire soi même ;
Au lieu d'être poëte, on reste le poëme.
De vos adorateurs vous faites des rivaux,
Tu descends de ton socle, ô déesse de Gnide,

Arrachant l'encensoir aux mains de tes dévots,
Et tu viens chanter faux devant ta niche vide.
C'est un beau résultat de pénibles travaux,
Que d'offrir à l'esprit l'image triste et piètre
D'un Dieu qui, las du ciel, descend se faire prêtre.

— Ma foi non, madame, je ne prendrais pas sur moi la responsabilité de votre proposition.

Il ne manquerait plus que cela !

Parce que je veux quelquefois persuader aux femmes de rester femmes, c'est-à-dire de conserver leur empire ;

Parce que je les avertis des affublements ridicules sous lesquels elles laissent cacher leurs grâces naturelles par des femmes qui n'ont à cacher que quelques difformités et signent leur pseudonyme de « On, »

On porte des robes empesées, des jupons goudronnés, des jupons à musique qui donnent aux femmes de telles proportions qu'il n'y a plus moyen de reconnaître des femmes bien faites.

On attache à ces robes quarante mètres de chiffons, de chiffons sous le nom de volans, — haillons toujours frippés qu'il faut sans cesse remettre en place avec le geste hideux d'un singe qui se gratte (*On* a prononcé, il faut obéir à *On*) ;

Parce que je veux que les femmes restent adorables; parce que je ne veux pas qu'elles redeviennent de simples femelles, au lieu de rester des femmes, c'est-à-dire des êtres qui, selon nos ancêtres les Gaulois, tenaient la place intermédiaire entre les mortels et les dieux; parce que j'aime les femmes, et veux pouvoir les aimer toujours;

Dieu sait que de reproches je reçois de celles, hélas! bien nombreuses, qui ne se croient aimées que des hommes qui leur disent des bêtises et leur conseillent des sottises!

— Et vous voulez, madame, que je prenne sur moi la proposition que voici !

« Les théâtres, en France, sont trop éclairés ou du moins mal éclairés; le lustre aveugle les spectateurs, donne la migraine, et expose une femme à être laide pendant toute la soirée. J'ai le bonheur d'avoir toujours auprès de moi le seul homme pour lequel je veux être jolie; peu m'importe que les autres spectateurs ne me voient pas, et ne braquent pas sur moi leurs impertinentes lorgnettes.

» D'ailleurs, la représentation théâtrale gagnerait beaucoup à ce que la salle fût peu éclairée, et que tous les artifices de la lumière fussent réservés pour la scène. On obtiendrait ainsi, pour les décors, des effets qui rivaliseraient avec le diorama. »

— Ah! ça, madame, d'où venez-vous, et où allez-vous?

Quoi! sous prétexte qu'un homme vous aime passionnément, et que vous l'aimez vous-même, vous prétendez que vous ne voulez être aimée, adorée, regardée que par lui! Vous vous figurez qu'on va au théâtre pour voir les décors, pour écouter la musique, pour admirer les beaux vers!

Que l'on va au spectacle pour voir le spectacle! non. On va au spectacle pour être vue et pour être le spectacle.

Si l'on a l'air de rechercher les théâtres où les meilleures pièces sont jouées par les meilleurs acteurs, ce n'est pas qu'on se soucie beaucoup de ces conditions, c'est qu'on pense qu'il va là plus de spectateurs pour la figure et les robes que l'on y compte livrer à l'admiration. Les pièces et les acteurs sont un prétexte.

Jouez et chantez les chefs-d'œuvre de la poésie et de la musique, et répandez le bruit que, grâce au mauvais goût de l'époque, vos salles sont désertes, qu'il y pousse de l'herbe, et qu'on va être forcé de les louer pour y mener paître des chèvres, vous n'aurez personne.

Dites, au contraire : « Telle pièce est absurde, les acteurs qui la représentent n'ont aucun talent, mais la foule, par un caprice étrange, envahit le théâtre tous les soirs; on a renvoyé hier 1,500 personnes. »

Et ce qui n'était pas vrai hier le sera après-demain, on finira par renvoyer 1,500 personnes.

— Non, madame, votre jolie petite écriture irrégulière, et votre papier rose, ne me jetteront pas dans un tel danger. Je ne fais pas la proposition de diminuer la lumière de la salle et d'augmenter celle de la scène

XVI

LA JUSTICE RENDUE AU KILOGRAMME

L'orgueil et la vanité rendent très-difficile l'appréciation des hommes vivant au point de vue du talent, de l'esprit, de l'intelligence, de la bravoure, du dévouement, de l'honnêteté, etc. On s'occupe d'arriver à une appréciation plus exacte en jugeant les hommes d'après leur poids ; cela peut s'établir d'une façon incontestable et nullement arbitraire, contre laquelle il n'y a pas de réclamation possible. Un remplaçant pour le service militaire vient de se vendre à la livre; tant chaque livre, les os compris.

On a institué en Amérique des concours d'enfants au maillot. Un prix est décerné à la nourrice du plus lourd.

Les Américains sont distancés par les Normands.

De tout temps on a dit en Normandie, d'une belle fille : « Elle est lourde. » Il n'est pas rare d'entendre deux pères jaser ainsi :

« Dites donc, père Valin, savez-vous que la Valaine est une lourde fille !

— Ah ! père Cressan, vous la flattez ; elle n'est pas si lourde comme la Cressane !

— Chut ! père Valin, faut pas qu'elles nous entendent ; ces jeunesses, ça n'est que trop porté à s'en faire accroire. »

Je vous ai raconté, je crois, comment la belle-mère de Blanquet, l'illustre hôtelier d'Étretat, qui est pas mal lourd lui-même, emprunte de temps en temps un de ses petits-enfants et l'emporte au Havre. Là, elle le pèse en arrivant devant ses voisines, et le pèse de nouveau quand elle le rend à sa fille pour constater combien il a gagné de poids chez elle.

Un autre usage paraît s'être établi en Californie. On raconte qu'un voyageur voulant explorer un nouveau passage par les montagnes, qu'il prétendait possible, contre l'opinion générale, s'est fait peser devant des témoins avant de l'entreprendre et s'est fait peser derechef à son retour : il avait gagné quatre livres. Il a été prouvé ainsi qu'on pouvait faire ce voyage sans détérioration.

On pourrait étendre cette idée et l'appliquer plus largement.

Dans un mariage, dans une liaison d'amour ou d'amitié, on se plaint généralement l'un de l'autre. Les confidents, quelquefois malgré eux, de ces doléances, sont bien embarrassés pour porter un jugement équitable et décider quelle est la victime, quel est le bourreau — les deux éléments dont se compose une liaison tendre.

Eh bien! qui empêcherait d'annexer aux stipulations d'un contrat de mariage les poids exacts des deux conjoints avant l'hyménée? On pourrait plus tard constater d'une manière précise combien l'un aurait gagné, combien l'autre aurait perdu du poids qu'il a apporté à la communauté. On saurait sur la chair duquel des deux on aurait vécu ; on saurait combien l'un aurait dépensé et dilapidé de kilogrammes de l'autre. On pourrait également, du jour où une beauté vous avoue qu'elle n'est pas insensible à votre flamme, ou du moment qu'un homme vous donne la main, faire peser les deux adversaires. Cette opération, renouvelée après la course ou la brouille, permettrait de formuler un jugement exact et impartial, il n'y en aurait qu'un qui aurait le droit de faire des élégies.

XVII

AMOUR RÉTROSPECTIF

A la dernière représentation du Théâtre-Italien, on a été un peu distrait par la réapparition d'un couple dont le départ avait fait dans le monde parisien une sorte de scandale.

M...., après trois mois de mariage, avait subitement enlevé sa femme et avait été s'enfermer avec elle dans un petit château qu'il possède en Touraine.
— Il avouait franchement, au départ, qu'il était amoureux de sa femme, et qu'il allait cacher son bonheur comme les violettes se cachent sous l'herbe.

Les prophéties n'avaient pas manqué.

— Voilà, disait-on, des gens qui, au lieu d'étendre sagement des confitures sur de longues tartines de pain, vont avaler le pot entier à pleines cuillerées et n'auront plus que du pain sec.

Voilà des gens qui éventrent leur bonheur comme la poule aux œufs d'or.

Voilà des gens qui, au lieu de vivre de leur revenu, mangent leur capital.

Voilà des gens qui traitent le bonheur comme une drogue amère : ils l'avalent d'un trait, sans le goûter, etc., etc.

Le monde ne pardonne pas volontiers que l'on soit heureux et que l'on se passe de lui.

Ah! ah! disait-on l'autre soir, — voici les tourtereaux rentrés dans la volière; voici nos gens guéris et essoufflés. Et les lorgnettes se braquèrent à plusieurs reprises, formidable batterie, sur la loge où ils étaient seuls. — Ils avaient l'air fort heureux d'être ensemble. On vit la femme se retourner à certains passages de la musique et plonger ses regards dans ceux de son mari, — pour prendre ou donner le diapason d'une extase qu'elle voulait partager avec lui. — On crut voir un instant qu'ils se serraient clandestinement la main.

Quelques femmes envoyèrent quelques hommes visiter les revenants, pour voir un peu ce que cela voulait dire. Les plus sociables, les anciens amis de M...

risquèrent une question : — Enfin, vous voilà revenus à Paris.

— Nous? pas du tout; nous sommes à l'auberge; nous sommes venus pour quatre jours, pour entendre de la musique, emporter des rosiers nouveaux pour notre jardin, et des camélias pour notre serre.

— Enfin, vous verra-t-on un peu?

— Oui, à l'Opéra, aux Italiens.

Et on retourna dans les loges dire : — Ça ne va pas mieux.

Voici la vérité sur ce *cas extraordinaire*, comme disent les médecins :

Il y avait alors près d'un an que M..... avait épousé une jeune personne riche, jolie, bien élevée et qui n'avait reçu que d'excellents exemples dans une famille où la chasteté des femmes et l'honneur des hommes sont précieusement conservés comme une véritable noblesse héréditaire. Ce mariage avait été arrangé par des parents et des amis; les deux époux s'étaient peu vus avant le mariage; mais tous deux possédaient les avantages et les qualités les plus propres à faire naître l'amour.

Cependant, au bout de quelques mois, M.... s'aperçut que sa femme ne l'aimait pas; — il fit une enquête pour savoir si quelque amour antérieur n'avait pas envahi l'imagination de la jeune fille; — le résultat de son enquête avait été très-satisfaisant pour son cœur, mais nullement pour sa curiosité; — avant son arrivée dans la maison de son beau-père, jamais Mme M..... n'avait vu que de vieux parents, — M.... était le seul homme jeune auquel elle eût jamais permis de lui adresser la parole.

— Ce n'est pas dans le passé qu'il faut chercher, se dit Ernest, regardons autour de nous. Ce serait un peu bien prompt après deux mois de mariage.

Il regarda avec les verres grossissants de la jalousie, il tendit et essaya toutes les souricières conseillées par Balzac; il ne découvrit rien.

— Cependant, dit-il, elle ne m'aime pas. Elle se plaît à être seule; quand je rentre, je la dérange; elle rêve et est distraite en ma présence. A chaque instant, je surprends ce que, dans le langage un peu populaire, on appelle des *absences*. Si je lui parle, son esprit se fait attendre et vient répondre ahuri et essoufflé, comme servante endormie qui entend sonner et vient du troisième étage ouvrir la porte cochère. Si mes affaires, mes relations, me retiennent dehors, elle ne paraît ni inquiète ni chagrine, elle n'aime ni le monde, ni le théâtre, ni la promenade; elle reste chez elle, rêve, lit, fait de la musique, et coud;

coud sutout, — fausse occupation hypocrite qui permet à l'esprit des femmes de s'absenter et d'aller courir la pretentaine, tandis qu'elles ont l'air d'être vertueusement au sein de leur ménage, où il n'y a en réalité qu'un corps engourdi, — à la façon des prisonniers qui s'évadent, et laissent dans leur lit leur traversin coiffé de nuit, pour jouer leur rôle, et tromper le geôlier pendant quelques heures.

Une femme assise, l'aiguille à la main, est quelquefois aussi absente que si, à califourchon sur un manche à balais, elle s'était en allée baiser l'ergot de messire Satanas. — La main est là qui ourle n'importe quoi, mais l'esprit est parti au sabbat.

Elle ne m'aime pas, se répétait Ernest; cependant, elle s'occupe de sa toilette autant qu'une autre femme; mais autant quand elle reste chez elle que quand elle sort ou va dans le monde.

— Qui donc vient ici?

Il recommença ses observations, il tendit de nouveau ses souricières; il ne vit rien, il n'attrapa rien.

Il prit un parti violent; il dit à sa femme : — Ma chère Cécile, j'ai le projet d'aller passer quelques mois dans un petit château que nous avons en Touraine, et que vous n'avez jamais vu.

— Quand partons-nous? dit-elle froidement.

— Demain.

— C'est prompt, mais cela ne fait rien.

Elle sonna sa femme de chambre et lui donna les ordres nécessaires pour le départ. Ernest remarqua que les caisses seraient nombreuses : — Ma chère, dit-il, je crois charitable de vous avertir que notre petit château est fort isolé et que nous courons grand risque de n'y pas voir un chat. A moins que vous n'aimiez la toilette aussi innocemment que l'aiment un colibri ou une rose, vous pourriez vous dispenser d'emporter autant de munitions de guerre.

Cécile ne répondit pas et ne changea rien à ses ordres. Ernest lui emprunta sous un frivole prétexte son encrier. Il n'avait pas le sien, ou il n'y avait plus d'encre dedans ; — elle le lui donna sans observations.

— Ah çà ! elle n'a donc à annoncer son départ à personne... du moins par écrit?... il faut voir qui viendra aujourd'hui.

Il ne vint personne.

On partit le lendemain et on arriva une douzaine d'heures après. Cécile fut ravie du château, où l'on reconnaissait l'architecture du quatorzième et du quinzième siècle. Elle s'y arrangea un logement dans le style du château. Le printemps vint ; — Ernest vit

س'épanouir dans le cœur, dans l'esprit, dans les regards, dans la voix de sa femme, toutes les riantes, belles et embaumées fleurs du printemps, en même temps que les primevères et les violettes sur la terre. — Mais ces fleurs, elle ne songea nullement à lui en faire un bouquet; elle semblait au contraire vouloir les lui dérober.

— Elle ne m'aime pas! — mais elle aime, se dit-il encore.—Mais qui? C'est un absent, puisque nous ne voyons personne. Et elle n'est pas impatiente! elle n'écrit pas! elle ne reçoit pas de lettres!—Je m'y perds. — C'est un *rébus*, que cette femme-là! — Oh! je le devinerai. »

Un jour, il la trouva qui lisait au bord d'un étang, à l'ombre d'un saule; elle avait une toilette fraîche et coquette, mais appropriée au style du château et de l'ameublement du logis qu'elle s'était fait; — elle paraissait émue; — son visage était éclairé d'une douce flamme intérieure, comme une lampe d'albâtre suspendue aux lambris.

Ernest ne voulut rien dire; — mais, tout en causant, il prit négligemment le livre et le feuilleta, pensant y trouver.

Était-ce donc quelque roman incendiaire? — Non: — c'était l'histoire de France. Il le jeta avec dépit.

Un autre soir, — rentrant également sans être attendu, il l'entendit au piano. — Il s'avança jusque sous la fenêtre et écouta ce qu'elle chantait. D'abord :

Partant pour la Syrie,

de la reine Hortense, puis :

Jamais en France,
Jamais l'Anglais ne régnera !

— Quel feu ! dit-il en entrant ; — il y a de quoi rompre l'alliance anglaise, si on vous entendait.

— Ah ! dit-elle, je ne puis sans émotion penser au temps où les Anglais ont occupé la France.

Ernest se recueillit.

— Avons-nous, se dit-il, quelque soldat parmi nos amis ? Elle me parle avec mépris des autres professions ; — ou quelque diplomate, partisan de l'alliance russe ? Ce serait un indice, car, en politique, une femme adopte sans examen les opinions et les convictions de son amant.

A quelque temps de là, Ernest et sa femme furent parrains d'un enfant qui était survenu à un de leurs fermiers. C'était une fille, et les fermiers priaient qu'on lui donnât le nom de la dame.

— Non, dit-elle, je n'aime pas mon nom.

— Quel nom lui donnerez-vous? demanda Ernest, le mien?

— Ernestine? non, Jeanne.

— Très-mauvais choix, ma chère Cécile; ce nom, qui est fort distingué pour nous autres gens du monde, paraîtra vulgaire à des paysans qui aimeraient bien mieux quelque chose de long et de difficile à prononcer : Cymmodocée, Calypso, Eucharis.

— Je tiens au nom de Jeanne.

— Bizarre idée! Comptez-vous en faire une nouvelle héroïne?

— L'ironie me paraît ici mal placée. Jeanne a sauvé la France.

— Agnès Sorel aussi l'a sauvée..... à sa manière : Appelons la petite Agnès. Pour les paysans, Jeanne est le nom d'une chèvre. Ça fera très-mauvais effet.

— Je ne tiens pas à être marraine.

— J'ai promis; ça serait tout à fait désobligeant.

L'enfant fut nommée Jeanne.

Une nuit, Cécile rêva haut. Évidemment, dans son rêve, un homme était à ses genoux, et elle ne le repoussait pas. Ernest, la respiration haletante, le cœur battant par secousses, écouta avec cette anxiété fiévreuse de la jalousie qui fait qu'on croit trouver une volupté à savoir; elle allait peut-être prononcer un nom...

— Oui... murmura-t-elle... ensemble... c'est le clairon... mort aux Anglais. »

Et elle se réveilla en sursaut.

Un jour que Cécile était sortie, Ernest se décida à une grande expédition; il fouilla sans scrupule dans tous ses tiroirs, dans ses tables à ouvrage, dans ses boîtes à gants et de bijoux. — Il trouva un portrait.

— Ah! dit-il enfin! — Il rassembla ses souvenirs, il rappela les bizarreries qui l'avaient étonné dans la conduite, dans les discours de sa femme : tout s'appliquait parfaitement au portrait. — Allons, dit-il, je connais l'ennemi, au moins on peut se défendre. — Le rébus est deviné; c'est bien, je n'userai plus mon temps et mes forces contre des moulins à vent, ou à agiter un grand sabre dans la nuit.

Du jour où il avait fait son importante découverte, Ernest changea complétement d'attitude à l'égard de sa femme : — il s'absenta, — fut rêveur en sa présence, — passa de longues heures enfermé dans son cabinet. — Un jour il laissa tomber de sa poche un brouillon chiffonné; Cécile le trouva, le développa et vit... des vers.

Ces vers étaient évidemment adressés à une femme,

Ils étaient encore imparfaits, pleins de *ratures*, — ces mouches qui vont bien aux muses, comme disait je ne sais plus quel jésuite érudit :

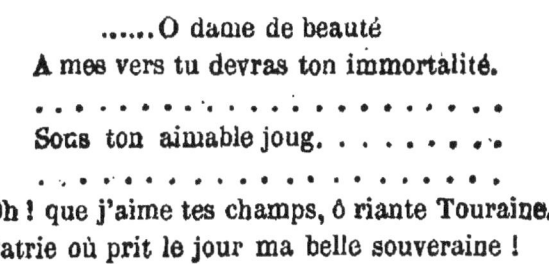

......O dame de beauté
A mes vers tu devras ton immortalité.
. . . .
Sous ton aimable joug. . . . .
. . . .
Oh ! que j'aime tes champs, ô riante Touraine,
Patrie où prit le jour ma belle souveraine !

Il n'y avait pas à en douter. Ces vers n'étaient pas faits pour Cécile, qui était née à Paris. Elle avait une rivale, elle était trompée. La fidélité est une vertu dont on veut bien se dispenser, mais dont on dispense difficilement les autres. — Cécile s'émut ; elle s'aperçut que son mari était un homme qu'on pouvait aimer.

Un jour elle vit qu'il lisait une lettre, qu'il replia précipitamment et cacha assez maladroitement à son arrivée. Une autre fois, elle le vit contempler un portrait renfermé dans un écrin de maroquin bleu, avec tant d'oubli qu'il ne l'entendit pas venir et ne put fermer l'écrin si vite qu'elle n'eût le temps de voir que c'était un portrait de femme.

Un jour, on parlait des naissances illégitimes. Ernest

se montra sévère. — Tous ces gens-là, dit-il, entrent dans la vie en ennemis.

— Beaucoup, cependant, dit Cécile, ont été de grands hommes.

Et elle fit facilement une assez longue liste des enfants plus ou moins abandonnés qui ont laissé un nom célèbre.

— Vous oubliez le bâtard d'Orléans, dit Ernest, le beau Dunois.

— Eh bien! n'est-ce pas un nom dont la France s'honore? n'est-ce pas lui qui a chassé les Anglais de la Normandie et de la Guyenne?

— Mais sa conspiration contre son souverain!

— Oui, mais comme il a noblement expié sa faute passagère au siége d'Honfleur et au siége de Dieppe!

— Il n'en a pas moins forfait à l'honneur en entrant dans cette conspiration contre Charles VII et en y entraînant le dauphin Louis XI.

— Charles VII, s'écria Cécile, avait eu des torts à son égard.

— Eh! d'où diable le savez-vous? demanda Ernest.

Cécile ne répondit pas, mais elle fut de très-mauvaise humeur tout le jour. Le soir, elle dit à son mari :

— J'ai à causer avec vous.

— Je vous écoute.

— Eh bien! je ne prétends pas que l'amour que vous

avez juré que je vous inspirais soit éternel; j'ai toujours pensé qu'il se changerait tôt ou tard en une sincère amitié; cependant, je vous avouerai que je suis un peu surprise que vous vous soyez si fort hâté de me donner une rivale.

Ernest répondit très-maladroitement :

— Qui? moi? Vous vous trompez... des apparences...

— Ne jouez pas ce rôle-là. Un aveu franc et sincère aura plus de noblesse. Je sais tout... Cette lettre, que vous lisiez l'autre jour et que vous avez si vite cachée, ce portrait dans un écrin bleu, ces vers dans lesquels vous dépeignez laborieusement votre flamme à une femme que vous appelez dame de beauté... Ne m'interrompez pas pour me faire un mensonge vulgaire et me dire que ces vers sont pour moi. Je sais le contraire.

> O riante Touraine
> Patrie où prit le jour ma belle souveraine !

La rue du Bac n'est pas en Touraine.

— Eh bien! Cécile, je vais tout avouer.

— A la bonne heure! dit Cécile, j'aime mieux cela.

Elle était pâle et tremblante. Ernest continua ainsi :

— Ma mye, mon ferme propos estoit quand je vous iay congnué, d'estre honnestement fidel pour tousiours à vostre chiere et muliebre beauté, et de vivre avecques vous en estroite union ; mais sans estre suspectionneux, i'ay veu que ie n'avoys point l'heur de vous complaire et d'estre aymé de vous ; adonques i'ay dû chercher adventure ailleurs. Ne soyez pas trop aspre à pugnir.

— Mais que me dites-vous là?

— Je parle le languaige le mieulx approprié à notre situation.

— Ne plaisantez pas. Voulez-vous me montrer le portrait?

— Le voici.

— Elle est jolie!

— Je le crois bien.

— Et la lettre?

— Tenez... Elle m'a coûté cent écus.

— Oh! fi!... il y a de l'argent!

— Je parle de la lettre que j'ai achetée à un juif.

— Quelle écriture et quel style! Je n'y comprends rien.

— Il faudrait faire à cette lettre ce que le peintre a fait au portrait.

— Quoi?

— Voyez.

Et Ernest montra un autre portrait.

— C'est la même figure en costume de bal masqué.

— Du tout, c'est dans l'autre portrait qu'elle est déguisée.

— Cessez ce badinage.

— Je ne badine pas... La trouvez-vous jolie?

— Très-jolie!

— Joignez à la beauté un esprit ravissant, un cœur d'or!

— Ah! épargnez-moi cet éloge... Gardez cela pour vos vers.

— Enfin, c'est une femme accomplie : elle n'a qu'un défaut.

— Vous m'étonnez!

— Vous voyez que l'amour ne m'aveugle pas?

— Vous l'aimez donc?

— Oui, certes.

— A votre aise!... Et quel est ce défaut?

— Elle est morte en 1450.

— Quoi!

— La lettre et le portrait sont... d'Agnès Sorel.

— Vous aimez Agnès Sorel?

— Vous aimez bien le beau Dunois, vous!

Ernest se retira, laissant sa femme livrée à ses réflexions. Ces réflexions furent bonnes; elle pleura d'abord, puis finit par rire.

Et c'est alors seulement que commença leur lune de miel, que les habitués du Théâtre-Italien s'étaient scandalisés de voir encore dans son plein.

/ XVIII

UNE FEMME QUI VEUT MOURIR

Le docteur *** est demandé en toute hâte au milieu de son dîner ; il court, il grimpe ; il s'agit d'une femme de son voisinage qui s'est empoisonnée. — Le docteur est introduit dans son appartement plus somptueux qu'élégant, où tout annonce le luxe et la dépense, et rien le goût et la distinction. — Il la questionne, il la soigne, il la sauve.

Deux jours après, un homme à cheveux blancs, à tournure distinguée, se présente chez le médecin : — Docteur, dit-il, vous avez sauvé une femme pour laquelle j'ai un sincère et profond attachement; en même temps vous m'avez épargné des chagrins et des remords qui auraient duré autant que moi ; —

j'avais été dur, sévère, avare; la pauvre enfant voulait un petit coupé, — comme tout le monde. — Je le lui avais refusé, elle a cru que c'était parce que je ne l'aimais pas assez; — elle a voulu mourir. — J'ai tenu à venir vous remercier en personne, docteur, et vous dire que je ne me crois pas quitte envers vous par la juste rétribution de vos soins.

Et le vieillard se retire après avoir déposé adroitement sur la cheminée un petit rouleau d'or.

Le lendemain, à l'heure de la consultation de monsieur***, arriva un homme de cinquante ans, haut en couleur, chargé d'un vaste abdomen, porteur de diamants à sa chemise et de diamants à ses doigts, d'une grosse chaîne d'or sur son gilet et d'une grosse voix. — Mon cher monsieur, dit-il, je vous dois une fameuse chandelle pour cette petite sotte qui s'était empoisonnée. Je lui avais fait une scène de jalousie... injustement, à ce qu'il paraît, à propos d'un godelureau qu'elle prétend être son cousin. Je suis violent, monsieur, j'ai menacé de la quitter; je n'aurais jamais cru que cette pauvre fille avait pour moi un attachement aussi sérieux. Il paraît qu'elle y avait été pour tout de bon. Ç'aurait été la troisième, monsieur, qui serait morte pour moi. Il est juste que chacun vive de son état; je **crois que ceci doit** faire votre affaire.

Et le gros homme compta trois cents francs en pièces de cinq francs, qu'il mit en trois piles égales sur le bureau du docteur. Le docteur resta seul un peu embarrassé, un peu mécontent.

On sonne. Un beau jeune homme, peigné, frisé, moustachu, entre, le col tendu, les bras arrondis :

— Vous êtes monsieur le docteur ***?

— Oui, monsieur.

— Monsieur, je viens vous remercier des bons soins que vous avez donnés à une de vos voisines, une charmante femme qui veut bien m'honorer de quelque attention, et que j'avais désespérée par une petite infidélité. Que diable, on ne peut pas non plus se laisser séquestrer, enlever à la circulation. Elle avait pris la chose au tragique, la pauvre enfant! Je ne suis pas en fonds pour le moment, docteur; le lansquenet m'a été sévère; mais, provisoirement, je viens vous dire que vous avez un ami. — Il tend la main au docteur, se regarde dans une glace, remet un peu ses cheveux en ordre et s'en va.

Le docteur se transporte chez sa malade. — Madame, lui dit-il, la reconnaissance que vous voulez bien avoir pour le petit service que je vous ai rendu s'est manifestée d'une manière embarrassante pour moi. J'ai gagné le petit rouleau que m'a apporté, avec beaucoup de convenance, le vieux monsieur; je le garde. Mais je ne puis accepter l'argent du second, permettez-moi de vous le rendre : c'est à vous qu'il appartient. Pour le troisième, s'il vous trompe, c'est pour le lansquenet. Vos trois amis vous paraissent fort dévoués.

— Ah! monsieur, s'il m'aimait comme cela, lui, je ne me serais pas laissée aller au désespoir.

— Comment! qui : lui?

— Eh, monsieur, l'ingrat qui m'a abandonnée, celui pour qui j'ai voulu mourir, un acteur de chez Seveste, qui a obtenu un engagement pour New-York?

XIX

EH! QUI S'AMUSERA, SI CE N'EST LE MALHEUR!

« Ma charmante Marthe,

» Je n'ai pas besoin de répéter avec quelle douleur amère je me suis éloignée de Paris. Outre ton amitié qui m'est si précieuse et qui ne m'a pas fait défaut dans cette triste circonstance, tu sais de qui cet exil me sépare.
» L'amitié se traite mieux par la poste que l'amour.
» Mais j'ai emporté un souvenir dans ma solitude, et à l'ombre des arbres séculaires, au coin des vastes cheminées, je penserai à lui et à toi. — Alphonse Karr

a dit : « L'absence, c'est la mort, moins le repos. » Ce folliculaire a raison cette fois.

» Je vais me faire ici un bonheur amer de mes souvenirs et de mes regrets. Je recevrai tes lettres et les siennes ; je verrai finir l'hiver et naître le printemps. Il va éclore dans mon cœur mille fleurs fraîches comme celles qui émailleront les pelouses. Je les garderai pour les lui offrir quand nous nous reverrons, si toutefois le chagrin ne m'enlève pas, avant notre réunion, d'un monde désert par son absence.

» Écris-moi souvent, parle-moi de toi, — de lui, — n'oublie pas ta triste

» Julie.

» *Post-scriptum.* Rappelle-moi au souvenir de Marguerite et de Clotilde.

» *Second post-scriptum.* Porte-t-on encore les cheveux en pointe, à bandeaux retournés, bouffants?

» Il doit y avoir quelques bals à la préfecture, et mon mari veut que je m'y montre. J'y porterai ma tristesse ; cependant, il ne faut pas faire peur aux gens.

» Fais-moi le plaisir d'envoyer chez Podargyre, ton cordonnier et le mien, et fais-lui dire de m'envoyer trois paires de souliers de satin blanc et quatre paires de bottines en peau anglaise, aile de mouche.

» Tu passeras toi-même chez madame Bethsabé, et tu surveilleras la robe en gros de Tours bleu que je lui ai commandée. Elle veut toujours faire à sa tête.

» Voici les instructions que je lui ai données; ne la laisse pas s'en écarter.

» Une robe habillée en gros de Tours bleu, broché couleur sur couleur, à trois volants découpés à la main à grandes écailles très-profondes. Le bas de chaque écaille doit être orné d'un velours terminé par une petite dentelle noire. La dentelle doit s'arrêter au creux de chaque écaille, mais à partir de ce velours monter droit jusqu'au haut du volant. — Le corsage à basques longues terminées par des écailles semblables à celles du volant. — Même ornement aux manches, formant double pagode.

» Que madame Bethsabé ne retranche rien, n'ajoute rien à ces instructions, que je lui ai laissées la veille de mon départ.

» De même pour mon autre robe, celle de tulle blanc a trois volants relevés par des bouquets de branches de corail entremêlées de nénuphars ; — corsage à draperie avec un bouquet semblable ; — branches de corail au milieu de petites manches bouffantes.

» Pour la coiffure, je m'en rapporte à ton goût; fais-la faire sous tes yeux ; bien entendu qu'elle doit, pour la robe de tulle blanc, se composer de corail et de plantes aquatiques avec de longues feuilles faisant la trame derrière la tête.

» La coiffure pour accompagner la robe de gros de Tours bleu sera en anémones bleues en couronne ronde. Enfin, et c'est tout ce que je ferai faire cet hiver, commande-moi une robe en tulle à trois jupes terminées par de longues dents, entre lesquelles ondulera une guirlande de fleurs des champs brodées au passé, genre jardinière, et entremêlées de broderies en paille ; les dents de la dernière jupe doivent reposer sur la robe de dessous en satin blanc bordée d'un plissé de ruban ; — le corsage à triple berthe, même broderie ; — les manches formées de deux petits volants ; — le devant du corsage orné de trois nœuds en ruban blanc avec larges rayures en velours cerise lamé d'or. Le dernier de ces nœuds, posé sur les basques du corsage, doit avoir de grands bouts flottants simulant la ceinture.

» La coiffure sera de touffes de fleurs des champs

reliées entre elles par un cordon de coques de ruban pareil aux nœuds du corsage.

» Dis-moi si la mode est toujours aux manches-duchesses ; les terminera-t-on par des dentelles ou des dents brodées, bordées de petites valenciennes.

» JULIE. »

XX

UNE DÉFINITION

Voici une définition du mot « habillée » comme l'entendent beaucoup de femmes du monde :

Moins on est vêtue, plus on est habillée.

XXI

DIX-HUIT FIACRES

L'autre nuit, un cocher de fiacre était sur son siége à la porte d'une maison de la rue Fontaine-Saint-Georges. — Un camarade qui montait la rue arrêta un moment ses bêtes, et tous deux, se trouvant commodément assis, à la même hauteur, se mirent à deviser.

— Que fais-tu là? demanda le nouveau venu.

— Moi? j'attends un bourgeois donc.

— Tu as la chance, moi je rentre ; je n'ai rien fait d'aujourd'hui. (Je rentre, pour un cocher de fiacre, veut dire : je sors de Paris; ils demeurent à peu près tous dans la banlieue.)

— Est-ce qu'il y a une soirée?

— Je le crois; mon bourgeois était superbement

habillé, il n'osait pas se remuer, crainte de se chiffonner.

— C'est drôle, on ne voit pas de lumière.

— C'est que c'est sur la cour ; je te dis que mon bourgeois est vêtu cossument comme pour une noce.

— Alors, s'il y a une soirée, et surtout une soirée qui n'est pas finie à une heure et demie, il faudra des fiacres.

— C'est probable.

— Ça va me déguignonner, je vas prendre la file derrière toi.

Un peu après, un autre fiacre qui *rentrait* aussi fait des questions, reçoit la même réponse, prend la même résolution et se met à la file.

Un peu après, un quatrième fiacre qui rentrait...

— Je comprends.

— Aimez-vous mieux alors que je vous parle du bourgeois ? Nous allons parler du bourgeois.

Le bourgeois était un homme ni vieux ni jeune, ni beau ni laid.

— Un homme comme tout le monde.

— Précisément il demeure rue Labruyère.

— Mais c'est à deux pas de là.

— Oui.

— Il pleuvait donc ?

— Non, les étoiles brillaient au ciel.

— Il avait plu et il faisait de la crotte?

— Non.

— Alors, pourquoi avait-il pris un fiacre pour aller à deux pas de chez lui? — Quand on a une voiture à soi, que l'on en fasse, sous un léger prétexte, une exhibition élégante, je le conçois; mais un fiacre, ça ne peut être qu'utile.

— Ah ça! combien de fois avez-vous fait précisément ce que vous vouliez faire? Combien de fois avez-vous fait quelque chose exprès?

— Mais... toujours..: ou du moins très-souvent.

— Pas si souvent que vous croyez : tout arrive par hasard; le hasard dérange toutes les combinaisons de la pauvre prudence humaine; — si vous comptiez combien de fois vous avez obstinément marché au-devant d'un malheur, — combien de fois vous l'avez poursuivi quand il voulait vous fuir; — si vous comptiez combien de fois vous avez été atteint par un bonheur auquel vous avez tout fait pour échapper; contre lequel vous avez épuisé toute la stratégie de la résistance! Mais non, les choses qui réussissent, on en attribue le succès à sa sagesse; — celles qui tournent mal, on les attribue seules au hasard. — L'histoire, si on l'étudiait bien, n'est qu'une suite de cas fortuits ; seulement, les historiens égarent les lecteurs par leur manière opiniâtre de prouver la préméditation des tuiles.

Mon bourgeois était là par hasard, il avait pris un fiacre pour aller ailleurs, — et il l'avait pris à neuf heures. Voici son histoire : — Il allait à un grand bal, il s'était fait magnifique, comme l'avait remarqué son cocher ; il s'était fait friser, il avait un gilet tout à fait triomphant, des gants gris-perle, des bas de soie à jours, des souliers vernis à bouts arrondis ; — il s'était regardé dans une glace et s'était trouvé bien ; — cela lui avait suggéré une idée.

— Madame trois étoiles, se dit-il, à laquelle je fais la cour depuis quelque temps, ne m'a jamais vu un peu à mon avantage, — et je n'ai aucune chance qu'elle m'y voie jamais : — elle ne va pas dans le monde à cause de la queue de son deuil ; si j'allais lui faire une petite visite, il est neuf heures, j'y resterai un quart d'heure, puis j'irai à mon bal. Cela aura deux avantages : elle me verra agréablement vêtu, et elle remarquera que l'on a un peu de relations ; que le temps que l'on passe quelquefois auprès d'elle a bien sa petite valeur, et qu'on ne serait pas embarrassé d'en trouver l'emploi.

Il fit chercher un fiacre, annonça au cocher qu'il

le prenait à l'heure, et se fit conduire dans la rue Fontaine-Saint-Georges.

La maison qu'habite madame trois étoiles est une maison calme, tranquille, où le propriétaire n'accepte pour locataires ni chiens ni enfants, et où les portiers ont édicté une amende de cinquante centimes contre l'habitant qui rentre après onze heures du soir.

Madame trois étoiles s'ennuyait; le galant fut le bien venu. Il annonça qu'il était *forcé* d'aller dans le monde, qu'il avait à accomplir *d'ennuyeux devoirs* de société, et il pria madame trois étoiles de le plaindre, ce qu'elle ne fit pas, attendu qu'elle réservait toute sa compassion pour elle-même, qu'un deuil retenait captive chez elle.

Lui regarda la pendule obliquement, elle était arrêtée. Il se dit tout bas qu'il y avait plus d'un quart d'heure qu'il était là; mais il se répondit qu'il ne fallait pas plus de vingt minutes pour aller à son bal; qu'il pouvait donc rester, non pas un quart d'heure, mais trente-cinq minutes chez sa belle, sans sortir des limites de son heure. Elle était pour lui d'ailleurs plus gracieuse que de coutume. Je ne prendrai pas sur moi d'affirmer si c'est à la cravate, au gilet ou aux souliers à bouts ronds qu'il devait cet accueil, — ou si c'est à l'idée qu'il allait ailleurs;—cela donne beaucoup de prix à un homme aux yeux de la plupart des femmes;—les femmes aiment bien moins les hommes qu'elles ne haïssent les autres femmes. Combien de fois prend-on un amant, uniquement pour l'enlever à une autre, — au risque de s'en trouver ensuite fort embarrassée. — Toujours est-il que la conversation roula sur l'amour, et que l'on se mit de part et d'autre à déballer les plus séduisantes théories, et à faire valoir sa marchandise. Notre homme cependant pensait au « ver rongeur » : il aimait à deux francs l'heure; il essaya de tirer clandestinement sa montre dans son chapeau. Madame trois étoiles lui dit froidement : « Pourquoi ne regardez-vous pas franchement l'heure à votre montre? C'est juste, vous allez dans le monde.» Il fut forcé de répondre : « Ah! madame! » Il calcula que l'heure commencée se paye comme révolue; il n'avait donc plus besoin de se presser. Il prit une main qu'on retira d'abord, et qu'on finit par oublier dans les siennes. On refit des théories sur l'amour pur, sur la constance; non-seulement, si on avait le bonheur de trouver une âme sœur de son âme, on ne changerait jamais, mais on trouverait la vie un peu courte et mesquine pour contenir un pareil amour : à coup sûr, il étoufferait tant il y serait à l'étroit; et si on consentait à l'éprouver pour ce court moment qu'on appelle l'existence, c'est qu'on croyait à une vie future, et aux amours continuées par les âmes dans quelque planète ou autre monde réputé meilleur, etc.

Il était minuit lorsque madame trois étoiles dit : — Ah ça! il est au moins dix heures et demie; allez-vous-en à votre bal; je suis une égoïste, et vous me maudissez au fond du cœur.

— Il n'est que dix heures.
— Voyez à votre montre.
— Elle est arrêtée.
— Comme ma pendule.
— Pourquoi me renvoyez-vous si tôt?
— On vous attend.
— Je m'ennuierai partout.
— C'est très-aimable; eh bien! encore un quart d'heure, et vous vous en irez, car je ne garde jamais personne aussi tard. Les portiers se couchent à onze heures, ce serait un scandale.

Et on reprit les théories. Le galant parla d'amour; on lui dit : non, mais soyez mon ami. — On discuta les agréments dont l'amitié peut être susceptible; on finit par tomber d'accord d'une amitié suffisamment ornée. Il était une heure et demie, — précisément lorsque le second cocher disait au premier : Qu'est-ce que tu fais là? quand madame trois étoiles dit :

— Maintenant, il est près de onze heures, partez vite avant que les portiers se couchent.

Rien ne marque l'heure du berger comme une pendule qui n'avertit pas.

L'amoureux demanda encore dix minutes que l'on déclara écoulées et peut-être dépassées au bout d'une petite demi-heure, au moment où le troisième fiacre...

— Je sais.

— Bien. — Alors, l'amoureux dit: Il est deux heures du matin. — Madame trois étoiles dit : Je suis perdue. Allez-vous-en. Mais ces portiers?

— Ils sont couchés, ils dorment, ils me croient parti, ou plutôt, ils ne m'ont pas vu entrer...

— Croyez-vous?

— Ils ne m'ont pas demandé où j'allais, je n'ai rien dit. J'ai des souliers minces qui ne font pas de bruit, je suis entré comme quelqu'un sortait. Il est certain qu'ils ne m'ont pas vu.

— Mais que faire?

A ce moment, le quatrième fiacre se mettait à la file, comme j'allais vous le dire quand vous m'avez interrompu au commencement de mon récit.

— Continuez.

— C'est à peu près fini. Madame trois étoiles dit: Mais que faire?

— Rien de plus simple, répondit l'amoureux : je partirai au petit jour, je me glisserai adroitement sans être vu.

— Mais jusque-là?

— Jusque-là, vous allez tranquillement faire comme si je n'y étais pas; allez dormir dans votre chambre; moi je resterai dans le salon, dans ce fauteuil.

— Vous serez mal.

— Croyez-vous que je dormirai?

— Je n'ai pas sommeil non plus. Alors, causons.

— Causons.

On resta aux deux coins de la cheminée, sans parler ; de temps en temps, on soupirait.

— En avez-vous encore pour longtemps de votre histoire?

— Les histoires, ça s'arrête quand on veut. La mienne est finie.

Quand l'amoureux sortit de la maison, à cinq heures du matin, le plus adroitement possible, c'est-à-dire en demandant le *cordon s'il vous plaît*, et en mettant cent sous sur la table du portier, il y avait dix-huit fiacres à la porte.

XXII

DES SUCCÈS DANS LA RUE

Il est une illusion que, malgré mon désir de leur être agréable, il m'est impossible de laisser aux femmes : — c'est celle qui fait leur prendre pour des succès certaines manifestations relatives à leurs charmes. — Il faut leur expliquer que c'est d'une insulte qu'elles sont fières, que c'est d'une humiliation qu'elles s'enorgueillissent.

Je veux parler des succès de la rue, d'une admiration excessive, exprimée dans les endroits publics, et des conséquences d'icelle.

Il n'est pas rare de voir une femme d'une beauté assez ordinaire raconter volontiers avec un apparent dépit, qui dissimule très-mal ou très-peu une vive satisfaction, qu'elle ne peut sortir sans être suivie, que que les hommes sont bien ennuyeux.

En même temps on voit des femmes d'une grande et incontestable beauté n'être jamais suivies par personne, ne jamais savoir l'opinion des passants sur leur compte, et traverser sans périls et même sans inconvénients les parages les plus fertiles pour les autres en dangers et en aventures. Je vous disais tout à l'heure qu'on ne sait pas jusqu'où va la timidité des hommes; — pour ma part, j'ai plus de quarante ans, je suis dans les circonstances ordinaires de la vie à peu près aussi résolu qu'un autre, — eh bien! je déclare qu'une fille de seize ans m'intimidera jusqu'à la confusion quand elle voudra, non pas par de grands mots et par des phrases de livres, mais par l'aspect de la candeur, de la dignité et de la réserve.

Il faut ajouter un second axiome au premier :

Les hommes sont plus timides et moins désintéressés qu'on ne croit.

Quand un homme manifeste par des paroles, par des regards, l'admiration qu'il éprouve pour une femme rencontrée dans la rue, je ne vous dirai pas comme le libretto de l'ancien ballet de Noverre, *l'enlèvement des Sabines* : « Les Romains témoignent par leurs gestes qu'ils manquent de femmes. » Je

vous dirai que ces témoignages ne sont pas arrachés
malgré eux aux passants, comme le oh! ou le ah!
qui s'exhale avec un soupir d'une poitrine oppressée
au spectacle d'un beau coucher du soleil sur la mer,
ou à la lecture d'un beau livre, ou à l'aspect d'une
très-belle femme dont il serait donné de contempler
en réalité la beauté, non pas dans la rue enveloppée,
affublée, défigurée, mais chez elle ou dans un salon
un jour de bal. Non, ce n'est pas un excès d'admiration qui déborde du cœur comme d'une coupe trop
pleine. Ce qui fait qu'un homme suit une femme dans
la rue, ce n'est pas ce sentiment qui faisait que les
disciples suivaient le prophète, que le troupeau suit
le pasteur tout en le précédant. Ce n'est pas la reconnaissance spontanée de la souveraineté. Hélas! non,
c'est une chanson qui se pourrait traduire ainsi :

> Mon Dieu, monsieur Corbeau, que vous êtes joli ;
> Vous vous faites sans doute habiller à Paris.

Cela ressemble aussi au miroir que le chasseur fait
tourner pour attirer, éblouir et prendre les alouettes.
Le loup aussi suivait le petit Chaperon-Rouge par
les chemins, et c'était pour le manger. Ah! vous
croyez que c'est par admiration pour votre chapeau

neuf et pour votre gentillesse que l'on vous suit? Ah! vous croyez que l'on ne peut s'empêcher de louer votre beau plumage! — Ah! vous croyez que c'est pour vous être agréable que l'on fait tournoyer insipidement et d'une façon écœurante les diverses facettes de phrases vulgaires, toujours les mêmes, que vous trouvez charmantes quand elles vous sont adressées, mais que vous jugez mieux quand c'est une autre qui en est l'objet!

Une femme avouait ceci : — « Rien n'est plus ennuyeux que les compliments que l'on fait à une autre. »

Non, non, mes belles orgueilleuses, c'est à votre fromage, c'est à votre petit pot de beurre et à votre galette que l'on en veut; c'est vous-mêmes que l'on veut manger toutes crues, comme le loup mangea le petit Chaperon-Rouge; — on veut vous prendre comme les alouettes, je vous le dis en vérité.

Certes, si ma démonstration s'arrêtait là, j'aurais fait une assez mauvaise besogne. — Celles de mes lectrices qui « ne peuvent faire un pas sans être suivies » diraient : — Eh bien! après? Tout ce que vous dites là s'applique à l'amour que nous inspirons sous quelque forme et en quelque lieu qu'il se présente.

Mais ce n'est qu'un premier point que je termine en disant : Voilà pour le désintéressement des hommes dans ce genre d'hommages.

Continuons.

Si maître Renard ayant dit à maître Corbeau : — Bonjour, monsieur Corbeau, comment vous portez-vous? le Corbeau, au lieu de lui répondre :

— Merci, monsieur Renard, ça ne va pas mal, — et vous ?

Avait persévéré à becqueter et à grignoter son fromage, maître Renard aurait ajouté un vers ou deux; mais s'il n'avait pas obtenu de réponse, il aurait continué sa route. Si le petit Chaperon-Rouge n'avait pas raconté au loup qu'il allait chez la mère-grand porter une galette et un petit pot de beurre, le loup ne serait pas allé manger d'abord la mère-grand et ensuite le petit Chaperon-Rouge comme dessert.

Si les alouettes ne venaient pas planer bêtement au-dessus du miroir que fait tourner le chasseur, le chasseur se lasserait bien vite de tirer la ficelle.

Je voudrais bien vous exprimer très-poliment par là qu'une femme trop suivie ou trop complimentée dans la rue doit s'en offenser et s'en affliger, puis exercer sur sa tournure, sur sa démarche, sur ses airs de tête, sur sa toilette, une sévère attention. Il y a quelque part un point qui dénote, probablement très à tort, une femme un peu légère, un peu facile, une femme qui laisse supposer qu'on peut aller l'attendre chez la mère-grand, — une femme qui ne tient pas bien son fromage, — **une femme qui s'approchera à portée du filet.**

L'homme est trop timide pour ne pas croire de telles aventures impossibles, pour peu qu'une femme ait de la simplicité dans la toilette, de la réserve dans la démarche, de la dignité dans les manières, une grâce austère sur le visage; — un homme, — je parle toujours d'un homme bien élevé, — est trop timide pour suivre une femme qui n'accusera pas par quelque chose, non-seulement que cela lui est agréable, mais encore qu'elle pourrait bien donner pour ce plaisir qu'on lui fait une *récompense honnête*, — car il n'est pas désintéressé. Donc, je le répète, il faut être humilié de pareils succès, en voyant des personnes extrêmement belles ne pas les obtenir, — et il faut chercher en soi quel est le côté par lequel on ne paraît pas suffisamment à tous une femme honnête et comme il faut; — il faut chercher cela avec l'opiniâtreté d'un caissier qui rentre chez lui, préoccupé, soucieux, qui n'embrasse ni sa femme ni ses enfants, qui attendaient son retour comme une fête, qui ne mange pas, qui ne boit pas, jusqu'à ce qu'il ait retrouvé la cause d'une erreur de 30 centimes dans un compte de 1,800,000 fr.

Il faut chercher, il faut trouver.

Voulez-vous que je vous aide un peu ?

Je ne vous parlerai pas des grosses nuances, d'un regard engageant, d'une marche ralentie, d'un arrêt intempestif devant une boutique lorsqu'on se sent suivie, d'un châle alors serré pour dessiner mieux la taille, d'un ruisseau passé avec trop de sollicitude pour la jupe.— Aucune de mes lectrices n'est capable de pareilles provocations préméditées; — un avis sur ces fautes-là serait indigne du respect que je professe pour elles.

Non, je chercherai avec elles dans les nuances fines, délicates, insaisissables.

Non, certes, vous ne faites rien de ce que je viens de mentionner, surtout vous n'en faites rien avec intention, mais vous ne songez peut-être pas assez à ne pas le faire. Vous pensez trop à préserver votre robe de la boue, et pas assez à préserver vos jambes du regard. Sur ce point, prenez exemple sur une femme qui a la jambe mal faite. Vous verrez quel prodige d'adresse décente.

Mais peut-être, si vous vous sentez regardée et suivie, montrez-vous de la mauvaise humeur quand il ne faudrait montrer que de l'insouciance ou mieux encore de l'ignorance?

L'exagération d'un sentiment peut en être la négation. Peut-être avez-vous peur et le faites-vous paraître, et vous retournez-vous une fois ou deux pour voir si le danger est passé? Ce que l'homme qui vous suit prend pour un désir de savoir si « l'hommage » se continue et si l'admiration s'obstine.

Peut-être... faut-il dire peut-être? portez-vous dans la rue un costume trop riche, trop somptueux, trop *voyant*, pour me servir d'un mot de couturière; — c'est une mode générale aujourd'hui, — et elle a de nombreux inconvénients dont j'ai déjà parlé, et sur lesquels je n'ai pas tout dit.

Comme les anciens preux qui couraient le monde, la lance au poing, l'armet en tête, pour faire avouer aux autres chevaliers et aux géants vaincus que la dame de leur pensée était la plus belle personne du monde, vous vous mettez en campagne armées de toutes vos pièces aussi, mais prêtes à combattre pour votre propre beauté, car chacune est bien véritablement la dame de ses propres pensées.

Eh bien ! de même que les chevaliers allaient dans les déserts les plus reculés pour accomplir la mission qu'ils s'étaient imposée, de même que don Quichotte fit avouer à un galérien, la lame sur la gorge, que Dulcinée de Toboso était la plus belle et la seule entre les belles, vous ne dédaignez aucun triomphe; vous ne vous contentez pas de vaincre dans le salon et au théâtre, vous voulez vaincre aussi dans la rue, et vous l'acceptez pour arène dans la lutte que vous acceptez avec celles qui n'ont pas d'autre salon que la rue.

Cela a de la grandeur, de la générosité. — Ces pauvres créatures ne peuvent venir vous livrer bataille dans le monde, dans les salons. — Eh bien! vous descendez dans la rue. — Cela rappelle un prince du sang qui, ayant offensé un hobereau, lui donna un rendez-vous dans un bois et voulut croiser l'épée avec lui, lui livrant, avant le combat, ses lettres de grâce toutes scellées pour le cas où il le tuerait.

Cela rappelle aussi, et un peu trop peut-être, le gentilhomme qui, insulté par un boueux, descend de son carrosse armorié et « *tire la savate,* » avec le manant.

Cela a de la grandeur, montre du courage, — je le veux bien, — mais cela vous expose à être confondues avec les adversaires contre lesquelles vous ne dédaignez pas de lutter de beauté et de parure.

Finissons sur ce sujet par deux vérités : jamais une

femme honnête ne pourra lutter de parure avec une lorette, — car tant qu'elle est femme honnête, elle ne peut ruiner que son mari.

Jamais une lorette ne pourra lutter de simplicité avec une femme honnête, — elle perdrait son état, — et voici pourquoi.

Les hommes sont, sous le rapport du cœur, comme les poules sous le rapport des œufs.

Les fermières laissent toujours un œuf dans le nid où elles veulent que les poules aillent pondre.

Les hommes ne portent leur cœur que dans le nid où ils en voient d'autres.

Une lorette ne peut témoigner des cœurs qui lui ont été provisoirement livrés que par l'exhibition de l'argent et des nippes qu'elle en a retirés.

XXIII

EN L'HONNEUR DE LA JEUNESSE

A UN TRES JEUNE HOMME.

A UNE FRANÇAISE PEINTE PAR ELLE-MÊME.

ET A MOI-MÊME JOUANT LE RÔLE DE PÉDANT.

Un tendre sentiment dans ton âme va naître...
Des Latins et des Grecs, tout récemment nourri,
Tu n'as pas oublié ce que t'a dit le maître,
Virgile : *Nimium ne crede colori.*
Marthe de ses attraits ne doit rien à personne ;
C'est elle chaque jour qui, seule, se les donne.
Son habile pinceau... Mais ton œil irrité
Me lance des éclairs ?... Oh ! qu'à cela ne tienne !
Je suis de ton avis : elle a de la beauté...
Pourvu qu'une heure ou deux d'avance on la prévienne.
Il ne m'écoute pas, et je l'approuve fort.

Alors je parle à vous, Marthe. — Nous avons tort,
Moi, de perdre le temps en vides hémistiches,
Vous, de ne pas savoir à quel degré sont riches

Ces grands regards naïfs, pleins d'amour. — Ce soleil
Sur le visage aimé répand un feu vermeil
Que n'a pas le pinceau le plus fin, et vous prête
Mille fois plus d'attraits que l'art de la toilette.
Adorez ces cœurs d'or : leur générosité,
Dans le charmant commerce où le printemps les jette,
Vous fournit tout : l'amour et presque la beauté.
Felices nimiùm! — Mille fois trop heureuse,
La jeunesse ; *sua si bona norint !* — mais
Elle ne connaît pas sa fortune. — Menteuse,
La vieillesse lui dit des sermons très-mal faits
Trésor des ruinés, ô sagesse envieuse !
La jeunesse, à vrai dire, entraînée au galop,
Écoute peu ; — pourtant, ce peu, c'est encor trop.
Lorsqu'il faut des raisons pour aimer, — qu'on réprouve
Que femme soit toujours assez belle, — pourvu
Qu'elle soit femme, — alors qu'il faut que l'on ait vu
Si son nez, si son pied, si sa bouche se trouve
Bien conforme en tout point au type convenu.
Quand la beauté se prouve au lieu qu'elle s'éprouve,
Ce n'est pas un progrès, c'est un triste dégoût
Que pour vous consoler vous appelez le goût.

O les dîners exquis ! ô les charmants amours
Du temps de la jeunesse et des premiers beaux jours !
Un cervelas, du pain, les fruits âpres des haies,
La dernière venue à l'ombre des futaies.
Quels dîners ! quels amours !... si bons, faits d'appétit !
Comme leur souvenir reste vivant dans l'âme !
Quel cervelas, ! quel pain ! quels fruits ! et quelle femme !
On n'en fait plus ainsi dans ce siècle néant.
Qu'on était riche alors ! qu'on est pauvre à présent !
Qui n'a trop à vingt ans n'aura rien à quarante.
Il faut que la jeunesse, immodérée, ardente,
D'une séve excessive enflant ses beaux rameaux,
Couvrant de trop de fleurs sa tête verdoyante,

Fasse la part du vent, des frimas, des ciseaux[1].
Je l'ai dit bien souvent : « Honorons la vieillesse;
Les vieux sont des amis qui s'en vont, et qu'il faut
Conduire avec un peu de tendre politesse. »
Mais le temps ne fait pas à lui seul la sagesse ;
On ne devient pas sage à force d'être sot.
Eût-on cent ans et plus, je tiens qu'on déraisonne
Sur la jeunesse, si l'on croit faire plus tôt
Mûrir les fruits tardifs qu'amènera l'automne,
En secouant les fleurs dont avril la couronne,

---

[1] *no in adolescente quod resecari possit.*

XXIV

UN APOLOGUE

LE LAPIN ET LE PERROQUET.

FABLE

Quand, d'un soupçon jaloux son cœur devient la proie
Voici le procédé que tout époux emploie :
Avez-vous remarqué, ma chère, monsieur *tel?*

LA FEMME.

Moi !..... non

LE MARI.

   Vous m'étonnez ! un dédain si formel
L'étonnerait bien plus lui-même. — Écoutez, Laure :
Malgré tout votre esprit, étant si jeune encore,
Vous ne pouvez déjà savoir tous les périls
Dont le monde, à vingt ans, chère, vous environne.
Le monde est bien méchant, — jamais il ne pardonne

L'esprit et la beauté. — Les venins sont subtils,
Que distille la langue, — hélas! elle empoisonne
L'acte le plus honnête, et fait le mal du bien.
Certes, s'il suffisait de rester vertueuse,
De garder ses devoirs, je ne vous dirais rien.
Votre éducation ferme et religieuse,
Vos principes rendraient ma crainte injurieuse....
Là n'est pas le danger que je veux signaler :
La vertu la plus pure est si vite ternie,
Qu'il faut décourager même la calomnie.....
Eh bien! ce monsieur *tel,* dont je viens de parler,
Qui n'est beau ni bien fait, dont l'esprit de perruche
Se compose de mots ramassés au hasard,
Répétés sans finesse et recousus sans art,
Des femmes à la mode il est la coqueluche,
Sans qu'on sache pourquoi leur sottise le huche
Sur un trône de cœurs asservis à sa loi.
Séducteur immoral, mauvais sujet, sans foi,
Lovelace ! on lui sait plus de trois cents maîtresses !!!

Et cœtera.... laissons cet époux très-adroit
Achever ce portrait peu flatté dont il croit
Faire un monstre effrayant, — heureux de ses finesses.

Voici ce que la femme entend et dit :

                               Vraiment
Il faut que monsieur *tet* soit un homme charmant;
Trois cents maîtresses! mais, si sans honte on se jette,
Comme madame *Trois Étoiles* à sa tête !
Il est volage — mais c'est bien assez pourtant
De se laisser aller à l'erreur d'un instant,
Pour une Madame X, sans qu'il lui faille encore
Être fidèle — alors, la vertu déshonore
Et l'nfidélité n'est qu'un heureux retour,
Qu'une expiation d'un ridicule amour.
Un homme est inconstant... est-ce toujours

Tant que l'on n'a pas vu l'objet predestiné,
L'âme sœur de son âme, un cœur pour son cœur né,
C'est une ambition digne d'une âme haute,
Que de montrer enfin, Lovelace fixé,
A ces Clarisses dont il a rompu les chaînes,
Et joindre à son amour le ragoût de leurs haines.
Mon mari prend un air solennel et vexé.....
Je le vois clairement, malgré toutes ses peines,
C'est pour lui, non pour moi, qu'il prévoit le danger,
Et c'est contre un bonheur qu'il veut me protéger.
. . . .
Il y a bal demain chez le ministre..... *chose*......
Je mettrai...... quoi !..... voyons... d'abord, ma robe rose
Elle va bien, — pour preuve, une amie, « entre nous »
Me disait l'autre soir, avec un air morose,
Qu'elle était un peu trop décolletée......

LE MARI.

      Et j'ose
Croire que vous verrez mon intérêt pour vous
Quand je vous dis comment il est de la prudence
De tenir avec soin un tel fat à distance.

LA FEMME.

Mes diamants!... oh ! non..... tout le monde en aura.

LE MARI.

La calomnie ainsi, même sera déçue.

LA FEMME.

Oui.... rien dans mes cheveux, qu'une rose moussue;
   Il me remarquera.

Cela, c'est la morale. — A la fin de mon prône,
J'ai rejeté la fable ; à son tour, la voici :

Un gros kakatoës, blanc, à la huppe jaune,
Penché sur son bâton, d'un air plein de souci,

Disait à Jean Lapin : « Jean Lapin, Dieu merci,
Je te rencontre à temps ; suspends ta course alerte,
Je te veux avertir d'un horrible péril ;
Vois, là-bas, ce carré d'une herbe fraîche et verte,
Appétissante aux yeux ; — on la nomme persil ;
Tu pourrais en manger, et ce serait ta perte.
Ne prends pas mon avis pour un simple babil :
Cette herbe est bonne au goût, parfumée, on la mange
Avec plaisir, et puis, par un effet étrange,
Vous vous sentez bientôt l'estomac tenaillé ;
L'œil s'éteint, votre bec s'amollit — et vos plumes
Tombent autour de vous ; — bientôt déshabillé ;
Vous mourez, sans l'espoir même d'être empaillé.

Bien inutilement, à prêcher tu t'enrhumes,
Avec un air narquois Jean Lapin lui répond :
Les Lapins n'ont pas peur de voir tomber leurs plumes,
Ni leur bec s'amollir : — je vais du même bond,
Merci, — faire un repas de l'herbe savoureuse,
Pour les perroquets, seuls, malsaine et dangereuse.

XXV

L'AGE DE VINGT-QUATRE ANS

Il est un âge extrêmement dangereux pour les actrices : c'est l'âge de vingt-quatre ans.

Je ressemble en ce moment à la fée malveillante qui, lors de la naissance de la Belle au Bois-Dormant, dit au roi et à la reine : Prenez garde à sa quinzième année !

Voici sur quoi je fonde cette opinion du danger que fait courir aux actrices l'âge de vingt-quatre ans.

Dernièrement, une actrice paraît devant le tribunal de police correctionnelle, comme plaignante ; on lui a volé une bague. Le président lui demande son âge ; elle répond : vingt-quatre ans.

Il y a une quinzaine de jours, une autre actrice soutenait un procès contre son directeur. Elle refusait un rôle qui ne convenait pas à son âge, et son avocat disait :

« Nous avons vingt-quatre ans, » semblable à celui qui, après avoir lu une lettre adressée à sa cliente par son époux, s'écriait : « Vous le voyez, messieurs, celui qui nous accuse nous disait, il y a trois mois, qu'il baisait notre bec rose. »

Il y a quelques années, on se rappelle que l'on vola pour 200,000 francs à une actrice du boulevard qui gagne 600 francs par an. Elle aussi parut au tribunal, et quand le président lui demanda son âge, elle répondit : vingt-quatre ans.

Puisque les actrices auxquelles on vole leurs diamants ou celles qui ne peuvent s'accorder avec leurs directeurs, ont toutes vingt-quatre ans, il est clair que l'âge de vingt-quatre ans est un âge très-dangereux pour les actrices : à vingt-quatre ans elles ont des discussions avec leurs directeurs et on leur vole leurs bijoux.

— Je n'ai jamais vu paraître une actrice en justice qu'elle n'eût précisément vingt-quatre ans.

C'est un âge terrible et dont on fera bien de se défier.

XXVI

LES POMMES ET LES ANANAS

Une très-jolie et très-honnête personne s'aperçut un soir que l'un de ses adorateurs les plus assidus, prenait la liberté extrême de se distraire du culte qu'il lui avait voué.

—La femme la plus attachée à ses devoirs, la moins disposée à récompenser de pareils hommages, croit cependant qu'ils lui sont dus, et ne souffre pas sans un peu de mauvaise humeur qu'on les lui refuse.

Voici comment une honnête femme se représente en général l'exercice de la vertu :

Voir tous les hommes désespérément amoureux d'elle, et, comme elle reste fidèle à un mari qu'elle aime et qu'elle a épousé parce qu'elle l'aimait, tous ces hommes épris de ses charmes, qu'elle ne néglige rien pour faire ressortir de son mieux, doivent naturellement renoncer à l'amour, passer leur vie entière dans le célibat, le chagrin, le découragement, les larmes, et finir par se brûler la cervelle ou s'aller faire tuer en quelque guerre lointaine.

Mais elle n'a pas prévu le cas où les hommes se disant : Voici une femme parfaitement honnête et aimant très-résolûment son mari, il n'y a rien à faire là,—s'en vont tranquillement dresser leurs batteries devant une place moins inexpugnable.

Une vertu qui ne désespérerait personne, croirait ne pas avoir fait ses frais.

On comprend donc que la personne dont je vous parlais tout à l'heure, se trouva un peu piquée en s'apercevant qu'un homme qui s'était longtemps occupé d'elle, avait fini par ralentir et cesser ses assiduités. — Est-ce que les amants malheureux aussi sont infidèles ? se demandait-elle.

Mais elle fut singulièrement scandalisée, lorsque, allant aux informations, elle apprit qu'il avait porté ses hommages aux pieds d'une de ses amies qui lui était inférieure de tous points.

Elle ne put s'empêcher d'accueillir l'inconstant à la

première occasion avec des allusions à son bonheur de second ordre, et des sarcasmes sur son nouveau choix.

« Madame, répondit l'insurgé, j'ai fini par m'apercevoir qu'il vaut mieux manger une pomme que de regarder toujours un ananas.

XXVII

DE LA FIDÉLITÉ

Dieu sait quelle rigoureuse vertu est la fidélité que chacun des deux amants exige de l'autre ! rigoureuse surtout si on la compare à celle qu'il s'impose à lui-même. Vous voulez que la femme qui vous aime ne voie que vous au monde, soit avare pour vous de sa beauté, et la cache soigneusement au reste des mortels, dont l'admiration ne serait plus pour elle qu'un chagrin et une offense. — Mais alors que ferez-vous de votre côté, en échange de ce sentiment exclusif ? Vous ne manquerez aucune occasion de le trahir ; vous vous excuserez à vos propres yeux par des théories qui vous mettraient en fureur si votre partenaire, j'allais dire votre adversaire, les mettait en pratique, ou seulement s'avisait de les émettre. — Vous établirez des nuances fines et laborieusement cherchées entre la fidélité et la constance, — et vous avez raison, car le seul moyen d'inspirer ce sentiment exclusif, c'est de ne pas l'éprouver soi-même ; c'est l'inquiétude que vous donnez qui fait que l'on ne vous considère pas comme acquis ; — de même cette préoccupation unique, cette scrupuleuse fidélité que vous exigez et que vous n'obtenez qu'en ne la méritant pas, vous ne l'accorderez à votre tour que lorsque vous aurez à faire une guerre défensive, c'est-à-dire, lorsque l'*objet aimé*, vieux style, aura cessé de mériter, selon vous, des sentiments absolus.

Quand on sait ses poules bien tranquillement occupées à caqueter dans un poulailler bien clos, on prend volontiers son fusil, et l'on s'en va dans la plaine à la recherche du gibier, dût-on ne tuer qu'une mésange sur une haie ou un moineau sur le bord d'un toit. Mais que l'on sache que le renard rôde autour de la ferme ; qu'une poule se rappelle quelque matin qu'au fond elle est un oiseau, et essayant ses ailes engourdies, passe par-dessus les palissades du poulailler, oh ! alors, vous ne penserez pas au gibier qui court ou voltige au dehors.

« Entre deux amants, il y en a un qui aime l'autre, et l'autre qui est aimé. » Seulement, il n'est pas rare que tous deux changent de rôle, que celui qui se laissait aimer s'avise d'aimer à son tour, s'il craint une infidélité, tandis que l'autre enfin rassuré se permet quelques distractions. Entre deux amants, il y a une somme d'amour à dépenser ; ce que l'un dépense de plus que sa part, l'autre le dépense de moins. Et pourtant quelles élégies ! A quelles plaintes amères adressées au monde entier, en vers et en prose, ont donné lieu des infidélités que celui qui en souffrait aurait fait subir à l'autre, si l'autre s'était conformé aux vertus que l'on exigeait de lui !

XXVIII

UNE BELLE PAROLE D'UNE VIEILLE FEMME

On m'a conté une belle parole d'une vieille femme ; cette parole a une noblesse et une grandeur toute romaine et spartiate, et je plains ceux qui, en l'entendant, ne sentiraient pas un petit frisson à la racine des cheveux.

Un des devoirs dont les amis en général s'acquittent avec le plus de soin et d'enthousiasme, c'est évidemment de vous rapporter tout ce qu'ils ont pu entendre, lire ou apprendre qui puisse vous blesser ou vous affliger.

Supposez le plus obscur, le plus inconnu, le plus anonyme, le plus souterrain des journaux; que n'importe qui y glisse sournoisement deux lignes malveillantes dans lesquelles vous ne seriez désigné que par des initiales, ou même des astérisques ou des étoiles.

Il se trouvera toujours un ami qui trouvera ce journal, qui le lira, qui vous devinera sous les initiales, qui comptera soigneusement le nombre des étoiles, pour voir si le nombre, selon l'usage antique, est égal au nombre de lettres sous-entendues, puis il viendra vous apporter cet ennui, ce chagrin, cette insulte déterrée par lui; il apportera chez vous ce moustique errant et égaré, dont vous n'auriez jamais entendu parler, et il vous l'appliquera sur la peau.

Toujours est-il que cette vieille femme a un fils, que ce fils porte comme elle un nom historique par lequel il était naturel de le supposer engagé et obligé.

Mais la lumière s'est faite aux yeux de ce fils; il a cru devoir faire des transactions, renoncer au passé, au bénéfice sinon de l'avenir, au moins du présent; en un mot, abandonner les sentiers où il avait longtemps suivi ses pères, et s'engager seul et résolûment sur une grande route nouvellement percée.

A la vieille femme fidèle aux traditions de sa famille, on avait cru devoir cacher ce qui, dans ses idées soudées et durcies comme ses os, aurait eu l'air d'une apostasie. Mais il s'est trouvé, comme je le disais tout à l'heure, un ami qui est venu lui apporter cette douleur.

— Ça n'est pas vrai, dit-elle.

—Oh! mon Dieu! reprit l'ami, il n'est pas le seul, d'ailleurs, et ***, dont le nom était également un engagement, a pris le parti de suivre la foule.

— Oui, dit-elle, mais lui, du moins, il a attendu que sa mère fût morte.

XXIX

QUELLES SONT LES PASSIONS DONT ON TRIOMPHE

Dans un procès qui a fait beaucoup de bruit à la suite de la mort d'une femme tuée par son mari, qu'elle trompait, on a pu remarquer une circonstance : c'est que les hommes appelés en témoignage se sont contentés de dire que le meurtrier avait toujours été bon et excellent pour sa femme, — tandis que les femmes ont dit qu'il était faible pour elle. — Toute femme trouve un homme faible et un peu bête, chaque fois qu'il fait pour une autre ce qu'elle ne trouve que juste et raisonnable que l'on fasse pour elle.

Je crois qu'une personne qui a du cœur et de la dignité, ne s'abandonnerait jamais un seul instant à l'amour si elle ne croyait que c'est au moins pour toute la vie. Cependant les serments qu'échangent deux amants sont aussi raisonnables que le seraient ceux qu'échangeraient un gigot et l'homme qui l'entame. — Promettez-moi, dirait le gigot, d'avoir toujours le même appétit et de me manger tout entier. — Jurez-moi, répondrait le dîneur, que vous n'aurez ni os ni tendons, et que vous me paraîtrez toujours aussi bon.

J'en suis fâché pour les moralistes, mais on ne triomphe que des passions qu'on n'a pas ou de celles qu'on n'a plus.

Ou encore nous pouvons vaincre les passions que nous avons, mais nous cédons à celles qui nous ont.

XXX

LES FILLES MÈRES

> Oh ! n'insultez pas une femme qui tombe.
> V. Hugo.

J'ai déjà dit combien deviennent chaque jour plus fréquents les faits d'avortement et de destruction des enfants ; plus d'une fois j'en ai dit et développé les causes. J'ai accusé les philanthropes économes qui suppriment les *tours* et le mystère. J'ai accusé cette usurpation immorale, par des hommes jeunes et forts, des travaux qui appartiennent aux femmes; usurpation qui ne leur laisse plus de possibilité de vivre que par la prostitution.

J'ai accusé cette sotte barbarie des mœurs qui fait que, lorsqu'une pauvre fille se laisse entraîner par l'amour qu'elle inspire et par celui qu'elle ressent, lorsqu'elle croit un instant que l'homme qui est à ses pieds n'est pas un lâche, un menteur et un traître, et qu'elle se fie à son honneur ; si cet homme l'abandonne ensuite sans secours, c'est la victime qui est déshonorée et non son assassin.

Cette autre bêtise de l'opinion, qui fait qu'une fille trompée qui se décide à être à la fois le père et la mère de son enfant, à travailler jour et nuit pour le nourrir, à ne pas manger pour lui donner du pain; que cette fille, qui accomplit un acte héroïque qu'il faut recommencer tous les jours, cette fille qui devrait trouver partout de l'appui et de l'admiration, est repoussée de toutes parts et accablée du mépris universel.

Eh bien, j'avoue que j'ai été saisi d'indignation et de pitié en voyant imprimer ces paroles d'un magistrat à une fille citée *comme témoin* dans une affaire d'avortement : « Vous êtes accouchée sans avoir été mariée. » C'est si odieux, que l'on ne pense pas à remarquer que c'est bête. Certes, dans cette circonstance où une autre femme était accusée du crime d'avortement, ce qu'il fallait dire à l'autre qui, elle, avait mis son enfant au monde; qui, elle, avait bravé la honte pour le voir vivant; qui, elle, avait bravé la misère pour le garder; il fallait lui dire : « Vous, vous avez été courageuse, honnête, héroïque; vous vous êtes élevée au-dessus de l'opinion publique en la bravant. »

Mais non, un magistrat lui inflige un blâme, une honte publique; et vous êtes étonnés ensuite, vous, les imbéciles qui infligez la honte aux victimes, vous, les philanthropes qui leur enlevez le mystère; vous, les magistrats qui ne savez pas vous séparer de la barbare sottise du vulgaire, vous êtes étonnés de voir s'accroître sans cesse le nombre des avortements et des infanticides. Je déclare que j'ai la ferme et sérieuse et mathématique conviction que ces paroles imprudentes seront la cause de plusieurs avortements et de plusieurs infanticides.

Encore un mot : la justice est bien assez terrible, sans qu'elle ait besoin de faire des grimaces et de grossir sa voix; il y a bien assez de circonstances où elle a à punir, sans qu'elle aille empiéter sur le rôle des prédicateurs; la justice ne doit frapper que ce que frappe la loi. Un magistrat n'a pas besoin de faire des phrases sur « les relations coupables ;» tout ce que la loi ne punit pas est innocent à ses yeux, et ces grands airs empesés ôtent de la dignité à la justice.

XXXI

GRANDEUR ET DÉCADENCE DE LA FEUILLE DE FIGUIER

Voici ce que m'a raconté un rabbin :

> A son réveil d'Éden, le premier hôte,
> A ses côtés, en place de sa côte,
> Vit « la chair de sa chair et les os de ses os, »
> Et son dernier sommeil fut son dernier repos.

La femme était née; le serpent, le plus rusé des animaux, s'approcha d'elle et lui murmura à l'oreille : « Que vous êtes belle ! » Puis il lui conseilla de manger le fruit de l'arbre de la science. — Voilà, dit-elle, un cavalier qui m'inspire une grande confiance par sa franchise; il est évident qu'il ne voudrait pas me tromper. Elle cueillit le fruit et en donna la moitié à Adam.

Mais celui-ci fit cette première fois ce qu'il a toujours fait depuis ; au lieu de comprendre que puisqu'il allait céder et obéir, alors il valait autant le faire de bonne grâce, il marchanda, il se défendit, il refusa, puis il finit par mordre.

Mais Ève avait employé tout le temps de son hésitation à grignotter sa pomme de ses belles petites dents blanches ; elle avait déjà la science du bien et du mal qu'Adam était encore tel qu'il avait été pétri. Puis, quand il se décida, lorsqu'il mangea sa moitié de pomme, lorsqu'à son tour il s'ingéra la science du bien et du mal, la femme avait un quart d'heure d'avance sur lui, et elle l'a toujours conservé. C'est ce qui fait et fera toujours notre infériorité relative.

Elle comprit tout de suite, le diable aidant, l'importance de ce quart d'heure, et elle se hâta de l'employer à donner des bases solides à son empire. Elle fit honte à Adam de leur débraillé, et lui inspira l'idée de cueillir des feuilles de figuier pour y obvier. Les rabbins, qui savent tout, et souvent beaucoup plus, auraient bien dû nous dire comment ces feuilles s'adaptaient. Il n'y avait pas encore de journal de modes et la tradition ne nous a rien conservé à cet égard. C'est fâcheux ; les anciennes modes reviennent de mode ; si celle-là revenait, on serait fort embarrassé. Toujours est-il qu'en disant à Adam : « Mon ami, vous

ENCORE LES FEMMES.

êtes plus grand et plus fort que moi, atteignez et cueillez-moi, je vous prie, une des feuilles de cet arbre, » elle créait à la fois la pudeur et la coquetterie, la jalousie et la prétendue supériorité des forces de l'homme.

De ce moment, leur sort à tous deux fut fixé, ainsi que le sort de tous leurs descendants. La femme conserva et a conservé cette avance d'un quart d'heure. Elle sait tout, au moins un quart d'heure avant nous. Un petit garçon n'est qu'un galopin qui ne pense qu'au cerceau, à la balle et à la toupie; une petite fille n'est qu'une femme plus petite.

Quant à l'homme, sous prétexte qu'il est plus grand, plus fort et plus intelligent, il n'a rien laissé à la femme des corvées de la vie. Du reste, ses forces, son courage, son énergie tout entière ont de tout temps été dépensés de la même manière. Ève dit toujours à Adam : « Mon ami, cueillez-moi cette feuille de figuier, » et Adam se damne pour atteindre la feuille de figuier. La feuille de figuier a subi de grandes modifications depuis la première Ève. Le rabbin, mon ami, m'a communiqué quelques-unes des variations de la mode pendant les temps antiques.

Le premier figuier auquel on demanda sa feuille, fut le *ficus rubiginosa,* auquel succéda le *ficus ben-*

galensis, puis vinrent le *ficus virens*, et le *ficus mauritana*. Vers la quatrième génération, on mit à la mode les feuilles de *ficus repens* à très-petites feuilles. Cela s'appelait alors se décolleter ou s'habiller, comme aujourd'hui de mettre des robes à peu près sans corsage.

Au *ficus repens*, succéda le *ficus nymphæfolia;* elles se parèrent des feuilles immenses du *macrophylla*, puis on revint au *ficus repens*, sous le nom de *ficus scandens*, puis au *ficus elastica*, puis graduellement on passa à la soie, au brocart.

La feuille de figuier aujourd'hui n'a pas moins de quatorze mètres à cause des volants, et Ève dit toujours à Adam : « Mon ami, donnez-moi cette feuille de figuier. »

Et Adam, pour donner la feuille de figuier, travaille, passe les nuits, vole, pille, assassine et se damne.

Un des signes de son origine qu'a gardés la feuille de figuier au milieu de ses transformations, c'est qu'elle se fane, tombe et est remplacée par une autre feuille ; — seulement la première feuille, celle que l'on voit encore aux figuiers de nos jardins, ne tombe et n'est renouvelée qu'une fois par an, tandis que de progrès en progrès, celle qu'emploient les femmes tombe et doit être remplacée toutes les semaines. — Les nouvelles feuilles poussent sur des arbres très élevés, épineux et difficiles. Adam hésite quelquefois. « Mon ami, dit Ève à Adam, si je vous prie de cueillir pour moi cette feuille de figuier, ce n'est pas tant pour moi que pour vous : c'est pour voiler aux regards des autres de faibles attraits qui ont le bonheur de vous plaire, et que je dois et veux réserver à votre amour. » Et Ève, loin de penser à se conserver pour Adam, arrange et drape la nouvelle feuille obtenue, de façon que l'imagination libérale lui rend au centuple ce qu'elle cache. — La pudeur est la plus sûre des coquetteries.

Une nouvelle feuille de figuier ne sert qu'à en obtenir une autre par la bonne grâce qu'elle sait lui donner et le nouveau ragoût qu'elle ajoute à sa beauté.

« Ce n'est pas tout, dit Ève à Adam : si d'abord et en première ligne, je vous demande cette feuille de figuier par pudeur et pour me réserver à vous, vous pourriez remarquer que je vous demande celle qui est au plus haut de l'arbre. Celles qui sont aux branches les plus basses rempliraient aussi bien le même but, et vous ne risqueriez pas de vous rompre le cou. — Mais c'est que je veux qu'on dise en me voyant :

» Voyez Ève : sa feuille de figuier a été cueillie à la cime du plus haut figuier. Il faut qu'Adam soit un homme bien fort, bien courageux, — et permettez-moi d'ajouter, il faut qu'Adam aime beaucoup Ève. »

Adam répond : « C'est juste, » et grimpe avec reconnaissance.

Outre les modifications successives de la feuille de figuier, Ève a inventé des accessoires, et, se servant habilement du quart d'heure d'intelligence qu'elle a d'avance sur l'homme, elle lui a présenté la nécessité de ces accessoires sous un jour favorable.— « Mon ami, lui a-t-elle dit, vous êtes le plus fort, vous êtes le maître, vous êtes mon seigneur. Je suis fière d'être à vous, je veux porter la marque de ma servitude. Percez-moi le nez et les oreilles en témoignage d'esclavage, et mettez-y des anneaux de chaîne. Mettez-moi des chaînes au bras, pour rappeler à tous les yeux que je ne suis que votre servante. »

De là, les pendants d'oreilles et les bracelets.

Quelques Adams se laissent persuader que de même que l'on fait transporter les vins précieux dans une double futaille, il serait prudent d'enfermer Ève dans une double enveloppe, dans deux feuilles de figuier : la seconde, s'appelle une voiture, et on y attelle des chevaux.

Enfin, tous ces hommes qui s'agitent, qui marchent, qui courent, qui se coudoient, qui se battent, qui s'entretuent, c'est toujours Adam à qui Ève a dit :

« Mon ami, cueille pour moi cette feuille de figuier. »
Aujourd'hui, la mode n'admet que les feuilles des plus hautes branches, ce qui fait que presque tous s'écorchent les mains et le genou pour y atteindre, et qu'un grand nombre se rompent les os.

FIN.

TABLE

		Pages
I.	— Contre les romans.	1
II.	— Trois hommes autour d'une femme.	13
III.	— Défense de l'amour.	53
IV.	— Menus propos.	63
V.	— Où l'auteur propose un débouché pour l'encombrement des filles à marier.	69
VI.	— Oraison funèbre du carnaval.	79
VII.	— Quelques mots du dictionnnaire de la langue féminine	95
VIII.	— Où l'on explique comment les pierreries vont redevenir des pierres. — Histoire du professeur Henri Walstein.	107
IX.	— Maniement des armes de la mode. — Exercice de la canne et du lorgnon.	139
X.	— Les femmes de crin.	149
XI.	— Les hommes de coton.	155
XII.	— Les diamants s'en vont. — Indépendance des femmes	161

		Pages
XIV.	— Les marchandes de cerises.	175
XV.	— Les coulisses de la beauté.	183
XVI.	— Vingt et un vers. — Une lâcheté de l'auteur.	191
XVII.	— La justice rendue au kilogramme.	199
XVIII.	— Amour rétrospectif.	205
XIX.	— Une femme qui veut mourir.	223
XX.	— Eh! qui s'amusera, si ce n'est le malheur!	229
XXI.	— Une définition.	237
XXII.	— Dix-huit fiacres	241
XXIII.	— Des succès dans la rue.	253
XXIV.	— En l'honneur de la jeunesse.	265
XXV.	— Un apologue.	271
XXVI.	— L'âge de vingt-quatre ans.	277
XXVII.	— Les pommes et les ananas.	281
XXVIII.	— De la fidélité.	287
XXIX.	— Une belle parole d'une vieille femme.	293
XXX.	— Quelles sont les passions dont on triomphe.	299
XXXI.	— Les filles-mères	303
XXXII.	— Grandeur et décadence de la feuille de figuier.	309

FIN DE LA TABLE.

Paris, imprimerie de L. TINTERLIN, rue Neuve-des-Bons-Enfants, 3.

www.ingramcontent.com/pod-product-compliance
Lightning Source LLC
Chambersburg PA
CBHW071316150426
43191CB00007B/646